英語がニガテで高校時代に
「E判定」だったボクが
超有名大学へ進学し
カリスマ英語講師になって
TOEIC®L&Rテストで
満点を89回もとった
超効率！英語勉強法

森 田 鉄 也

すばる舎

はじめに

落ちこぼれのボクが生まれ変わったあの日

「Hello, there!」

こんな文句で始まるボクのYouTubeチャンネル。Morite2 English Channelの登録者数は5万人以上、総再生回数は850万回を超えました(本書執筆現在)。

予備校講師としても多忙な毎日を送っています。これまでに3万人以上の社会人や学生の皆さんに、TOEIC® L&Rテスト(以降、「TOEIC」)を中心に英語を教えてきました。

そんなボクですが、以前は誇れるものが何もありませんでした。

運動はできない、趣味もない、特技も熱中できるものも何もない。テレビでお笑い番組を見ているときと寝ているときが幸せという人間でした。

ボクの人生が変わったのは予備校で英語の授業を受けたときです。

英語にニガテ意識を持ち始めていたボクは、**「なんてわかりやすいんだ!」「なんて面白いんだ!」と衝撃を受けた**のを今でも鮮明に覚えています。

すぐに「将来この仕事をするんだ!」と決めました。

有名な先生ほど高学歴で、「ボクもいい大学に行かなければ」という使命感も湧いてきました。

しかし、**大学の志望校がE判定**という現実——、今の学力

じゃ無理、周囲もそう思っていたでしょう。

　それでもあきらめきれないボクは、「何か方法があるはずだ」と手段を調べ始めます。

　その中で一番自分に合う、効率的な勉強法を考え抜き、本書の原点とも言えるメソッドを確立。

　また、進路についても、「最終的に東大に行こう」と考え、まずはニガテな国語が試験科目にない慶應義塾大学（以降、「慶応大学」）に入り、大学院から東大に入ろうと決めました。

　そこからは徹底的にムダをなくし、ポイントを押さえた勉強法を実行し、慶応大学に受かり、その後東京大学大学院へも進むことができました。その間、さまざまな苦労がありましたが、長くなるのでここでは割愛します（気になる方はボクのYouTubeを観てみてくださいね）。

　勉強して本当によかった。心からそう思いました。

　「ボクには根気よく勉学を続けるという才能があるんだ」

　「やっと自分が輝けるときがきたんだ」

　そして、もう1つ、自分が輝けるきっかけを与えてくれたのがTOEICです。

TOEIC満点を目指すキッカケ

　ある日、大学のゼミでTOEIC満点と985点のスコアを持つ2人の先輩に出会いました。

　「TOEIC満点の人が本当にいるんだ！」と当時のボクはかなり驚きました。

　他にも、さまざまな授業に帰国子女や留学経験者がいて大

きな刺激を受けるうちに、「ボクも英語ができるようになりたい」という気持ちが強くなりました。

そこで、留学を決意したのです。

学費や生活費といった留学費用を、すべて自分で払うため、アルバイトをいくつも掛け持ちしました。

集団塾、個別指導塾、家庭教師、スーパー、居酒屋、イベント会場設営、パソコン販売員……。

そして300万円以上貯まり、念願のアメリカ留学へ。

本場の英語に悪戦苦闘しながら、一生懸命勉強しました。

現地で多くの友達を作り、勉強するときも遊ぶときもとにかく英語を使うようにしました。

その甲斐あって英語はみるみる上達。

1年の留学を終え帰国したボクは、TOEICで力試しをしようと決めました。

受けてみると、「あれ!?　聞こえる。読める」という感覚。

なんと、結果は920点!

「これは満点を取れる」と確信し、その後1年で、満点に到達することができました。

「990点」で人生が激変!

そこからTOEIC満点の講師しかいないTOEIC専門校で教え始め、本の著者デビューも果たしました。満点は89回となり記録更新中です。

TOEICのおかげで人生が激変したのです。

　教える側になると、進級や昇進などTOEICを必要とするさまざまな人を教える機会に恵まれました。

　TOEICのスコアアップをきっかけにどんどん輝いていく人を目にすることができました。

　きちんとした勉強法を知っていれば、誰でも点数を伸ばすことができるのがTOEICです。

　この本を手にとっているということは、TOEICの点数がなんらかの理由で必要な人たちだと思います。

　本書でその勉強法を知り、輝いてみませんか？

　忙しい人でも、勉強が続かない人でも、大丈夫。3万人以上に教えてきた実績と、自分の経験をもとにした、スキマ時間で効率的に成果を出せるコツをお伝えします。

　TOEICは誰もが目標を達成できる可能性を持っています。

　さあ今すぐ一歩を踏み出しましょう。

　　　　　　　　　　　　　　　　　　　　　森田鉄也

はじめに ———————————————————————————— 3
　落ちこぼれのボクが生まれ変わったあの日／TOEIC満点を目指すキッカ
ケ／「990点」で人生が激変!

第1章 TOEIC満点連発&3万人の スコアアップを実現した 超効率! 英語勉強法

01 凡人のボクが990点連発のカリスマ講師になれた秘訣 — 16
　高校までは「フツー以下」!? の学力だった／ニガテ科目の英語が、得意に
なるまで／「カリスマ講師にオレはなる!」

02 スコアが上がらない「残念な人」の5つの共通点 ——————— 19
　① 力試しのために、いきなり受験する／② 細かい勉強計画を立てる／
③ 週末にまとめて勉強する／④ 教材をたくさん買う／⑤ ただただ音読す
る

03 3万人のスコアが上がった超効率! 英語勉強法とは? —— 23
　スコアが劇的にアップする4つの作戦／① 超効率! スコアアップ大作戦／
② スキマ時間有効活用大作戦／③「TOEIC知識」の武装大作戦／④ 本
番で実力を発揮するマインドセット

04 超効率! スコアアップ大作戦① 目標設定 ——————— 26
　明確な目標ほど、点数がグングン伸びる

05 超効率! スコアアップ大作戦② 現在のレベルを知る —— 28
　自分に合った勉強をするために／レベルチェックをより深く

06 超効率! スコアアップ大作戦③ 教材の使い方 ———————— 32
　公式問題集を何度も解くのは非効率

07 超効率! スコアアップ大作戦④ スコアシート分析 ———— 34
　スコアシートを活用すれば、グングン伸びる／分析の要、「アビメ」とは?

08 超効率! スコアアップ大作戦⑤ アビメの項目 ——————— 36
　アビメの10項目はどんな問題を指している?／リスニングセクション・リー
ディングセクション

09 スキマ時間有効活用大作戦「毎日20分」をコツコツと —— 41
　スキマ時間は「超集中タイム」!?／「週末2時間」より「毎日20分」でハイス
コア!／カリスマ講師はスキマ時間をこう使う!／「スキマ時間を貯金」する

スタイルが効果的

10「TOEIC知識」の武装大作戦①

「英語がペラペラ」は必要ない!? ———————— 44

留学してもハイスコアはとれない／高い英語スキルよりも、スコアに直結するノウハウ

11「TOEIC知識」の武装大作戦②

対策は「単語」「パート別」の2本軸で ———————— 46

TOEIC対策のポイントは……?／対策① 単語／対策② パート別対策

12「TOEIC知識」の武装大作戦③

単語の次に押さえておきたい品詞問題 ———————— 48

TOEIC対策は単語と品詞で半分終わる

<u>ミニコラム1</u> TOEICの神・神崎正哉先生式 超効率! 勉強法 ——— 50

得意を伸ばす

第2章 スケジュールを制する者がTOEICを制す

13「3ヵ月後」、最低でも「50点UP」が目標! ———————— 52

「3ヵ月先」がちょうどいいワケ／目標スコアアップの設定／受験に最適な時期がある?

14【1ヵ月→1週間→1日】の順番で計画を立てる ———————— 54

「1ヵ月計画」をまずは3回まわす／必ず失敗する!?「1年計画」／やる気が続かない原因とは?

15 最速でスコアがアップする! 勉強のダンドリ ———————— 57

学習時間は逆算して考える／やるべきことは、意外とシンプル!

16「スキマ勉強」で問題がグングン解けるようになる! ———————— 59

毎日のスキマ時間を調べてみよう!／スキマ時間を「TOEICタイム」に／どうしてもモチベーションが上がらない……

17 スコアアップに直結! レベル別・1日のスケジュール ——— 63

レベル別の勉強内容とスケジュール／Aくん 初受験で265点、半年後に720点／Bくん 800点台だったのが、3ヵ月で970点!／スコアが劇的にアップする勉強スケジュール

第 **3** 章 スコアが激伸びする! 「教材」の選び方

18 「TOEICを知るために」教材を使い倒せ! —————— 72
教材選びの大原則とは?／頻出パターンを押さえられる教材を選ぶ

19 自分の「TOEICタイム」が決まってから教材を選ぶ ——— 74
「分量」「問題数」よりも大事なこと

20 教材の情報をやみくもに検索してもムダ! —————— 75
① TOEICに詳しい人が書いているか／② 解説を読んで理解できるか

21 「大学受験用の単語帳がオススメ」はウソ! —————— 78
大学受験用の単語帳はかなり範囲外!／いざ買うときの見分け方

22 何度も「公式問題集」を解くのはムダ —————————— 80
① 何度も解くのは時間のムダだから／② 答えを覚えてしまう

23 公式問題集を最大限に活用するコツ ————————— 82
「ナゼ解けなかったのか?」を徹底分析

24 「2時間もかけられない!」という方に ————————— 84
手軽に模試ができる!／公式問題集のサンプル問題・公式サイトのサンプ
ル問題・市販の教材

25 TOEICビギナーなら、「総合対策」がオススメ! ————— 86
「総合対策」なら理解できることもある

26 超重要! 教材で「時間配分」をトレーニング ————— 88
スピード勝負のTOEICで大事なこと／緊張・リスニング後の疲れ・マーク
する時間／「時間切れは当たり前」と心得ておく

27 ハイスコアな人ほど、教材を厳選してフル活用する ——— 91
まずは1冊をやりきる

28 モリテツ厳選のオススメ教材はコレだ! ————————— 92
「新形式対応」は大前提!

第 **4** 章 忙しくてもスキマ時間で スコアが劇的にアップする「単語勉強法」

29 スコアアップの最短ルートは「単語」勉強 ——————— 98
単語を知れば知るほど、スコアが上がる／単語の負の連鎖とは?／「なんと

なく」では単語力はつきません

30 単語がスルスル入ってくる!「グルグル勉強法」とは? ── 101
「書いて覚える」……実は非効率!/超キケン! 覚えた"つもり"現象/3万
人に効果があった「グルグル勉強法」

31 3万人のスコアを激アゲさせた
「グルグル勉強法」のしくみ ───────────── 103
グルグル勉強法のステップ/仕分け1 高速で3つの印をつける/仕分け2
覚えていない単語をさらに仕分け/グルグル勉強法 3周目「深掘り」/グル
グル勉強法はこれで完ぺき!/覚えた単語が増えるほど、勉強時間も増す

32 グルグル勉強法のポイント①
「1日20単語」に触れるだけ ───────────── 110
視覚的に満足感を得られるしくみ/1日20単語で、600点も現実的に

33 グルグル勉強法のポイント②「1つの意味」に注力する · 111
「基本的な単語」の「1つの意味」から/派生語は後からでも大丈夫/他の
知識を覚えるタイミング/「コロケーション」について

34 単語の勉強にオススメ!「辞書アプリ」 ───────── 117
電子&紙辞書のメリット・デメリット/モリテツ・オススメ! 最強辞書アプリ
/かなり使える!「ジャンプ機能」とは?

第5章 スコアアップの肝! 品詞を押さえて得点源に!

35 ゼッタイに押さえておきたい! 得点源の品詞問題 ─── 122
数ヵ所見るだけ! 5秒で解ける

36 品詞問題の攻略が最短ルートなワケ ─────────── 124
品詞攻略のメリットは?/Part 5を起点に時間短縮・気持ち的に余裕が出
て、勉強もはかどる

37「中学英語をおさらい」はTOEICでホントに効果的? ── 126
「中学英文法やり直し勉強法」の問題点/品詞の役割を覚えよう

<u>ミニコラム2</u> TOEICの神・神崎正哉先生式 超効率! 勉強法 ─── 132
公式問題集をうまく利用する

第**6**章 リスニング対策がスコアアップの一番の近道

38 リスニングはスコアが上がりやすい！ ———— 134
大学でもリスニング学習はしない／聞こえる単語とそうでない単語の違い
は?／「頻出パターンの音声」がある!

39 リスニングの「取りこぼし」は1秒で切り替える！ ———— 138
900点台目標なら、リスニングは満点!／取りこぼしに多いのは「聞き逃し」と
「難問」／聞き逃し・難問・変化球

40 リスニングセクションを攻略するための唯一の方法 ——— 142
リスニングセクション勉強の具体的方法／最も効果的!「リッスン・アンド・
リピート法」／シャドーイング・オーバーラッピング・聴き流し・ディクテー
ション／訛り・スピードの対策は不要

41 Part 1 写真描写問題の秘策
知ってるだけで、スコアアップ！ ———————— 146
Part 1 よく出る表現を覚える／Part 1 「何が」写っているか／何人写って
いるか?／Part 1 「人」が写っている問題の実践／Part 1 写真で確認でき
ないものは不正解!／Part 1 「人が写っていない」パターンは難易度UP?

42 Part 2 応答問題の秘策 頻出パターンと解き方 ——— 152
会話のやりとりパターンは決まっている／Part 2 意外に聞き分け「難」の
問題／設問番号が聞こえた瞬間に集中する／Part 2 押さえておきたい
「疑問文」の用法

43 Part 3、4 会話・説明文問題の秘策
長文リスニングを解く2つのコツ ———————— 159
場面設定を絵で思い浮かべる／設問の定番パターンを丸暗記!／Part 3、
4の頻出設問文例集

44 長文リスニングを解くために欠かせない「スキャニング」 – 163
音声を聞き"ながら"ヒントを探す／TOEICのスキャニングのやり方／「先読
み」実践

45 Part3「会話問題」でよく出る「シチュエーション」 ——— 167
「返品」「返金」のシチュエーションはよく出る

46 Part4「説明文問題」の頻出パターン ———————— 169
よく出るストーリーは?／セレモニー・留守電

第 7 章 確実にスコアが上がるリーディング攻略法

47 「すべて読まない」「すべて解かない」「迷わない」が鉄則! – 172
全問解答は不可能!／「わからない問題」を判断するコツ

48 長文問題攻略には「スキャニング」「スキミング」が必須 – 174
「スキャニング」で大幅にスピードアップ!／「スキミング」ができれば、解ける問題が増える!

49 「ココ」を押さえれば長文がサクサク読める —————— 176
リーディングで難しい文法は気にしない!

50 得点源のPart 5から解くのが正解! —————————— 177
迷わずPart 5から解くべし／Part 7から解き始めるのは非効率?

51 スコア別のリーディングの時間配分 ————————— 178
細かく「何分かかるか」を計ってみよう

52 リーディング攻略テクニック①
Part 5と6の穴埋め問題 ————————————— 181
Part 5　解答根拠を明確にする／Part 6　「空欄のある文の、前後の文」に注目!

53 リーディング攻略テクニック②
Part 7「長文読解問題」のシチュエーション ——————— 182
よく出る4つのシチュエーション

54 リーディング攻略テクニック③
Part 7の設問パターンを押さえておこう ——————— 183
設問には主に8つのパターンがある／① 全体を問う問題／② 詳細を問う問題／③ 2つ以上の情報を照らし合わせる／④ 語句の言い換え／⑤ NOT問題／⑥ 推測問題／⑦ 文章挿入位置問題／⑧ 書き手の意図把握問題

第 8 章 ギリギリまで効率化!
試験直前と本番の過ごし方

55 試験直前までの「単語学習」が
グンとスコアアップにつながる ————————————— 194
最後の最後まで粘る!／何よりも、単語勉強を優先／① 単語・② 出題形式の確認・③ 設問暗記・④ 品詞・⑤ Part 2の応答問題・⑥模試

56 試験当日にピークをもっていくために ———— 197

週末にピークがくるように調整していく／要注意! リスニングの効果は人によりけり／本番では何が起こるかわからない!／満点講師が伝えたい! プチトラブルを防ぐコツ／荷物の準備は前日に済ませておく・早起きできる人は早めの朝食を・早すぎても、遅すぎてもいけない・当日のタイムスケジュールをチェック

第9章 TOEICで満点を連発できる5つのヒミツ

ヒミツ1 「難易度が上がっている」ことを知る ———— 204

TOEICは難しい!

ヒミツ2 「どう解けば効率がいいか」を徹底的に研究 ——— 205

韓国まで受験しに行くことも

ヒミツ3 勝手にレベルアップ!「人に教える」勉強法 ——— 207

教えることは勉強すること

ヒミツ4 他の試験の勉強が、TOEICに活かせる ———— 208

超難関資格が「満点のカベ」の突破口に

ヒミツ5 海外ドラマなどを勉強の素材にする ———— 209

TOEIC以外に触れたい英語コンテンツ／英字雑誌での勉強はほどほどに!?／菊池先生 とにかく調べる勉強法

おわりに ———— 213

「価値ある授業」とは何か? を問い続けた／TOEICでハイスコアを取得して、なりたい自分に／始めるなら「今」

※ 本書に記載のあるTOEIC® L&R TESTに関する情報は、IIBC(一般財団法人 国際ビジネスコミュニケーション協会)が運営するTOEIC®公式サイトを参考にしています。最新情報は、下記を参考にしてください
https://www.iibc-global.org/
※ 本書掲載の図表は、IIBCが作成した資料をもとに、著者と出版社が独自の見解によって再編集・制作したものです
※ 本書で紹介する『頻出英単語』は、特に記載がない限り、『990点連発講師が教える TOEIC® L&Rテスト 頻出英単語』(森田鉄也著、小社刊)を表しています
※ 本書で紹介する教材やアプリなどの価格は、本書執筆時点の情報です
※ 本書に登場する商品名やサービス名、試験・資格などの名称は登録商標です。煩雑さを避けるため、一部の名称には ® や ™ は記載していません

ブックデザイン 三森 健太(JUNGLE)
イラスト 関 祐子
編集協力 渡邉 淳
DTP・図版 有限会社クリーク
英文校正 トライベクトル株式会社

TOEIC®L&Rテストの問題構成

リスニングセクション　約45分間		
Part 1	Photographs 写真描写問題 6問	（内容）問題用紙に載っている1枚の写真について、4つの選択肢から内容に合うものを選ぶ
Part 2	Question-Response 応答問題 25問	（内容）音声で流れた英文の応答に合うものを3つの選択肢から選ぶ
Part 3	Conversations 会話問題 39問	（内容）複数の人物の会話が流れる。会話の内容に合うものを4つの選択肢から選ぶ
Part 4	Talks 説明文問題 30問	（内容）1人の人物が話す内容に一致するものを、4つの選択肢から選ぶ

リーディングセクション　75分間		
Part 5	Incomplete Sentences 短文穴埋め問題 30問	（内容）一文中にある空欄に入る正しい語句を、4つの選択肢から選ぶ
Part 6	Text Completion 長文穴埋め問題 16問	（内容）1つの文書中に4つの空欄があり、そこに入る正しい語句や文を、4つの選択肢から選ぶ
Part 7	Single passages 1つの文書 29問	（内容）1つまたは複数の文書を読み、4つの選択肢から内容に合うものを選ぶ
	Multiple passages 複数の文書 25問	

事前に確認しておこう

- **すべて英語**
  アナウンスも問題用紙に載っている内容もすべて英語。日本語は一切出てこない

- **マークシート方式**
  解けない問題が出てきても、全部塗るようにしよう

- **問題用紙への書き込みはできない**
  メモは禁止。マークシートの所定の欄以外は書き込み禁止

第 1 章

TOEIC満点連発&
3万人のスコアアップ
を実現した
超効率！英語勉強法

KEYWORDS

▷ **効率化**

▷ **スキマ時間**

▷ **スコアシート分析**

▷ **アビメ（Abilities Measured）**

01

凡人のボクが990点連発の カリスマ講師になれた秘訣

高校までは「フツー以下」!? の学力だった

　ボクは2020年2月現在、TOEIC® L&Rテスト (以下、TOEIC) で990点満点を89回取得しています。今後も記録を更新していく予定です。

　何度も満点を取得していると、「もともと英語ができたんでしょ？」とか「帰国子女だったんでしょ？」と言われることがあります。実際は違います。

　「はじめに」でもお話ししたとおり、ボクは、普通の公立高校を卒業し、普通の学力でした。いえ、普通より下のレベルだったかもしれません。

　その証拠に、大学受験の模試では、**志望校はすべてD判定とE判定……**。魔法を使ったわけではなく、地道に努力を積み重ねたことで満点を奪取することができました。

　凡人でもTOEICの満点に到達する方法はあるのです。

ニガテ科目の英語が、得意になるまで

　ここで、ボクの英語学習歴を紹介させてください。
　中学校の英語は暗記だけでなんとか乗りきりました。
　しかし、高校生になったとたん、暗記だけでは通用しなくなりました。

　それもそのはず、文法などはお構いなしに、出てくる文をただただ覚えようとしていたからです。

　そんな悩んでいた時期に出会ったのが、著名な予備校講師の富田一彦先生です。30年以上第一線で活躍し続ける英語の講師であり、私の恩師です。

　富田先生からの教えを受けたことで「英語にはルールがある」ことに気づくことができました。

　そのキーポイントは「動詞」。英語は動詞に着目すれば、文意がとれるのです。

　たとえば、「get」には、たくさんの意味がありますが、それらを丸暗記するのはただ苦しいだけ。

　でも、「**getの後ろにくる単語次第で、getの意味が変化する**」と頭に置いておくだけで、意味がつかめるようになります。

　具体的には、getの意味は次のように変化します。

```
---- 「get」の意味の変化
get to ～      ～に着く
               get to the station 駅に着く
get ～         ～を手に入れる
               get chocolate チョコレートを手に入れる
get 人 to do   人に～させる
               get him to swim 彼に泳がせる

----
```

　今のボクからすれば当たり前のことですが、当時暗記という方法しか知らなかったボクにとっては、目からウロコのルール

だったのです。

　こうして、ルールを知ることによって効率良く英語を理解できるようになっていきました。

「カリスマ講師にオレはなる!」

　やがて予備校講師を目指すようになり、講師になるにあたって強く思ったことがありました。

　「英語が話せない先生になりたくない──」

　英語力アップの勉強をする中で出会ったのがTOEICです。一度手をつけたらてっぺんを目指したくなるのがボクなので、目標を990点満点に設定しました。

　もともと英語が特別得意だったわけではありませんが、そんな自分でもTOEICで満点が取れることを証明したかったのかもしれません。

　TOEICの勉強をしながら、常に「効率」を求めて試行錯誤した記憶があります。

　現在、TOEIC満点を積み重ねられているのは、効率を求めてたどり着いた勉強法を実践してきたからです。

　TOEICという試験は、今英語がニガテでも、コツさえ押さえれば、目標のスコアにたどり着きます。

02

スコアが上がらない
「残念な人」の5つの共通点

　本書の勉強法に入る前に、読者の皆さんに"やっていただきたくないこと"をご紹介します。数多くの学習者を見てきて、誰もが陥りがちな5つのミスです。

　① 力試しのために、いきなり受験する
　② 細かい勉強計画を立てる
　③ 週末にまとめて勉強する
　④ 教材をたくさん買う
　⑤ ただただ音読する

　当てはまったポイントはありましたか？
　①〜③はスケジュールについて、④と⑤は教材の選び方や学習法についてです。
　この後の章で詳しく説明しますが、ここでも簡単に触れておきましょう。

① 力試しのために、いきなり受験する

　巷のアドバイスの中で、現在の実力を知るために「まずはテストを受けてみよう」というものがありますが、ボクは大間違いだと思っています。
　事前準備をせずにテストを受けるとどうなるか？
　何の収穫も得られず、お金と時間をムダにするだけです。

　特に、英語初級者は基礎がないぶん、何が何だかわからずに終わる可能性があります。ＴＯＥＩＣがイヤになってしまうかもしれません。

　時間とお金に余裕がある人はいきなり受験してもいいでしょう。ですが、たいていの人は忙しいですし、時間もお金もたくさんあるわけではありません。

　やるからには、しっかり対策した上で、自分の実力が把握できる程度まで準備をして、試験に臨むことをオススメします。

② 細かい勉強計画を立てる

　勉強の時間を有意義なものに変えていくポイントは「スケジュール」です。詳しくは第２章でお伝えします。

　ここで注意しておきたいのは、「スケジュール」とは「計画を立てる」ことだけを意味しないということ。

　「自分がいかにして毎日継続できるか？」も考えた、実現可能な予定を立てることが重要です。

　「何時から何時までやる」など、“キリのいい時間から始めよう”といった計画を立てる人が多いですが、定時にならないと勉強を始めないなど、時間をムダにしてしまいがちです。

　また、「今日は○ページから○ページまでをやる」「問題集のＰart 1と2を○問ずつ解く」といった、細かいタスクを決めるのもイマイチです。

　結局、計画どおりに勉強できずに、「できなかった」というストレスを溜める原因になります（ちなみに、ボクは、前者を「**時間型**」、後者を「**タスク型**」と呼んでいます）。

後述しますが、スキマ時間を使って毎日継続することがスコアに直結します。

やることも取りかかる時間も、ザックリ大まかに決めて、TOEICの勉強習慣を身につけていきましょう。

③ 週末にまとめて勉強する

平日はほとんど勉強時間をとらずに、「週末に3時間で30ページやろう」という計画もダメになる場合が多いです。

前述もしましたが、量や時間にこだわったスケジュールでは続きにくいというのが学習者を見ていて実感することです。

これらのスケジュールの問題に対する解決策は「**習慣化**」です。忙しい人ほどいかにして勉強を「習慣化」できるかを考えましょう。

「朝、起きたら、単語を眺める」「昼休みには、Part 5の問題を解く」など、スグできるものに取りかかります。やり始めればやる気が自然と出てくるものです。

これは3万人に共通した傾向です。小さなルーティンがきっかけとなり、TOEICの勉強が習慣化されるのです。

④ 教材をたくさん買う

TOEICに関する情報はあちらこちらに飛び交っています。書店にはたくさんの参考書や問題集があふれ、ネットでも勉強法などの情報をいくらでも見ることができます。

おそらく多くの学習者が迷うのは使用する教材でしょう。

ボクも職業柄、教材選びに失敗したり、選びきれずに時間だけが過ぎていく……といった悩みを持つ学習者にたくさん出

会いました。

　詳しくは第3章でお伝えしますが、「買いすぎない」ことがポイントです。

　買って満足をして、結局やらないことが多いからです。「やりきれるか」を試験日から逆算するとよいでしょう。

　また、ネットの情報などにあるオススメが自分に合うかはわからないことも注意しておきたいです。

　自分が使いこなせるかどうかが教材を選ぶときのポイントです。

⑤ ただただ音読する

　勉強法についても前項の④と同じことが言えます。たとえば、「音読さえすればOK」という情報が出回っています。

　確かに素晴らしい勉強法なのですが、英文の意味もわからずに、ただ声に出すだけの盲目的音「毒」をしている方が多いです。

　しっかりと音読ができているかどうかは、音読をしてもらえば一発でわかります。

　意味がわからず読んでいる人は、区切りもイントネーションもめちゃくちゃです。

　音読は、音とスペルと意味を一致させなければ勉強の成果は出ません。スペル・意味だけを覚えるためなら、音読ではなく単語帳で「語彙力」をつけるほうが近道です。

　字面を追うだけでは効果はほとんどないということを心に留めておいてください。

03

3万人のスコアが上がった 超効率! 英語勉強法とは?

スコアが劇的にアップする4つの作戦

「はじめに」でも述べたように、今まで3万人以上の方に TOEICの指導をしてきて、大幅なスコアアップに導いてきました。200点台の方にも、ハイスコアを取得しているTOEIC講師たちにも指導した経験があります。

ボク自身の学習経験と指導実績から見えてきた、効率的に スコアアップするための方法を簡単にまとめると以下のとおりです。

① 超効率! スコアアップ大作戦

自分の現在のスコアをもとに、目標を設定し、スコア別に作戦を立てていきます (初受験の人は30 ～ 31ページで簡単なセルフチェックをしてみよう)。

② スキマ時間有効活用大作戦

忙しい人ほど、5分、10分のスキマ時間でどんどん勉強を進めていきましょう。

「机にかじりついて、ノートに書き込んで」だけの学生時代のスタイルでは通用しません。

③ 「TOEIC知識」の武装大作戦

　「TOEICの知識」とは、TOEICで出る単語、フレーズ、シーンなど、傾向やパターンのことです。

　TOEICでは、設問フレーズなどお決まりの"型"や、オフィスや日常生活の場面がよく出てきます。

　TOEICならではのテクニックである、「設問選択肢の先読み」もその１つです。また、「品詞問題」を押さえておくのもコツでしょう。

　TOEIC専用の知識を、知っているのと知らないのとでは、正答率が雲泥の差です。本書でしっかりと身につけてください。

④ 本番で実力を発揮するマインドセット

　本書でお伝えするマインドセットは２つあります。

　１つ目が「あきらめる勇気」、２つ目が本番に向けた心身の「コンディションの整え方」です。

　１つ目は、TOEICではすべての問題を解く必要はなく、あきらめたほうがよい問題があるということです。どうしても解けない難問が必ず出てきます。

　配点は難しい問題も簡単な問題もすべて同じですから、難しい問題はサッとスルーし、どんどん先に進むことが大事です。

　２つ目は、最終段階の勉強法です。本番当日、自信をもって試験に臨めるコツお伝えします。

　以上の４つの方法をしっかりと実践していけば、正しい勉強法が身につきます。確実にスコアは上がっていきます。

　忙しいビジネスパーソンでも、スキマ時間でグングン勉強が

超効率! 英語勉強法の流れ

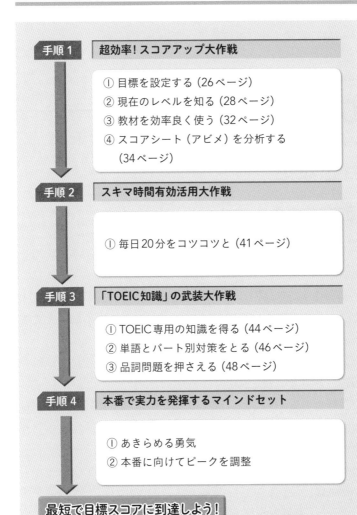

手順 1　超効率! スコアアップ大作戦

① 目標を設定する (26ページ)
② 現在のレベルを知る (28ページ)
③ 教材を効率良く使う (32ページ)
④ スコアシート (アビメ) を分析する
　 (34ページ)

手順 2　スキマ時間有効活用大作戦

① 毎日20分をコツコツと (41ページ)

手順 3　「TOEIC知識」の武装大作戦

① TOEIC専用の知識を得る (44ページ)
② 単語とパート別対策をとる (46ページ)
③ 品詞問題を押さえる (48ページ)

手順 4　本番で実力を発揮するマインドセット

① あきらめる勇気
② 本番に向けてピークを調整

最短で目標スコアに到達しよう!

1
勉強法

2
計画

3
教材

4
単語

5
品詞

6
リスニング

7
リーディング

8
準備と本番

9
満点

進むでしょう。英語がニガテでも戦略的にＴＯＥＩＣ対策を進めていけば、短期間でスコアがアップします。

　では、次項より順番に見ていきましょう。

04

超効率! スコアアップ大作戦①
目標設定

明確な目標ほど、点数がグングン伸びる

　「海外で仕事を始めるので、あと半年で800点に到達しないといけない」という人がいました。

　当時のスコアは265点。満点連発で長年の講師経験があるボクでも、いささか不安はありましたが、「この子なら大丈夫だろう」と感じました。

　2週間後のテストでは約200点アップ、2ヵ月後には600点目前、半年後には720点。

　目標まであと少しでしたが、<u>**たった半年間で450点アップはなかなかできることではありません**</u>。ＴＯＥＩＣの平均スコアが400点半ばだということを考えても上出来です。

　では、なぜこの人がこれほどスコアアップしたのでしょうか。

　それは、「目標スコアと現在のスコア」が明確だったからです。何より、<u>**「海外で仕事をする」という目的が具体的**</u>ですね。

　皆さんも受験するからには、具体的な目的をもってスコアを

スコアごとのレベル感を確認しよう

スコア	モリテツ
600	個人的には、「600点」が受験者の第一のカベとなることが多いように感じます。ただしきちんと勉強すれば誰でも到達できるレベルとも言えます。英語に関係のない職種であれば十分なスコアですね。
730	「730点以上」が条件となる部署（企業）や昇進試験もあるほど、「多少、英語をビジネスに使う」のがこのあたりではないでしょうか。普通の英語力の人が到達するためには、より効果的な対策が求められます。具体的には34ページで述べる「スコア分析」が必須になってきます。
860	転職中の方なら、どの企業からも引く手あまた、といったところでしょうか。英語講師を目指す方もこのレベルに達する方は少ないのが現実です。また、難関試験へステップアップする目安でもあります。

目標のスコアを決める参考にしよう。

決めていきましょう。

　その際ぜひ参考にしていただきたいのが、TOEICのレベル感です。

　前ページにスコアごとのレベル感を載せておきます。スコアを3段階に分けてボクのコメントを載せていますので、目標スコアを決める参考にしてみてください。

　なんとなく受けようと思っている方も、自分の夢や目標がある方も、まずはスコアのレベル感を理解して、計画に落とし込めるようにしていきましょう。

　なお、1つアドバイスがあります。なかには仕事とは関係なくスキルアップのために受験している方もいるでしょう。そのような場合でも、ハイスコアを取ったら、所属先へのアピールを忘れずに行ってください。

　いつどこでチャンスが訪れるかわかりませんから。

05

超効率! スコアアップ大作戦②
現在のレベルを知る

自分に合った勉強をするために

　さあ、目標スコアは定まりましたか？　次は現在のレベルの見極めです。

　ここまで「自分のスコアに合った勉強をしよう」と強く訴えてきました。

**　自分のスコアとずれた勉強をすることが、伸び悩む原因の1つ**です。せっかく費やした勉強時間がムダになってしまいます。

　たとえば、現在のスコアが600点未満なのに、『公式問題集』に何回も取り組む人がいます。

　単純計算で、4割以上の問題が解けていない状態です。腕試し用の公式問題集よりも、基礎を固めるべく、単語帳や言い換え表現など、語彙力をつけたほうがいいでしょう。

　また、現在のスコアが800点なのに、単語帳だけを繰り返し勉強する人がいます。

　ある程度の高い英語力があり、TOEIC対策も進んでいるはずです。

　弱点克服や、点数を落としているパートに絞って勉強をすると結果につながりやすいでしょう。

レベルチェックをより深く

　ハイスコアの人が単語帳を繰り返すことが、スコアアップにまったく役に立たないとは言いませんが、決して効率が良いとは言えません。

　ですが、本書では徹底的にムダを省いた勉強法をお伝えし、短期間でスコアアップを狙います。

　そこで、スコア別にチェック項目を作りました（次ページ）。現在のスコアに書かれたチェック項目を見て、1個以上当てはまるようであれば、その勉強法を実践していきましょう。

スコア別! レベルチェックシート

1個以上チェックが入ったところから対策を進めてみましょう。
TOEICを受験したことがない人は、＜〜600点＞欄から順にチェックしてみてください。

〜 600点

☐ 600点レベルの単語の意味が1秒で言えるか？

☐ Part 2 の最初の疑問詞は聞き取れているか？

☐ Part 5 の基本的な品詞問題は5秒以内で解けるか？

- 「単語」と「品詞」の基本をマスターする
- 短めの英文を扱うパートの基本的な問題を解けるようにする

---

600 〜 730点

☐ パート別の解き方や時間配分を身につけているか？

☐ Part 3、4、7 の定番の設問を覚えているか？

☐ Part 3、4 の定番の場面を知っているか？

☐ Part 3、4、7 の定番の言い換えを覚えているか？

- TOEICの解き方・時間配分・出題・パターン・頻出の言い換えを覚える
- スキャニング（P163）のテクニックを身につける

---

730 ～ 860 点

☐ 英語を日本語に訳さずに、状況をイメージできるか？

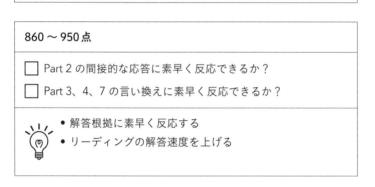

- 英語をイメージに直結する聞き方と読み方を身につける
- 言い換えを意識しながら、問題を解く

---

860 ～ 950 点

☐ Part 2 の間接的な応答に素早く反応できるか？

☐ Part 3、4、7 の言い換えに素早く反応できるか？

- 解答根拠に素早く反応する
- リーディングの解答速度を上げる

---

950 ～ 990 点

☐ 自分が間違えるクセを知っているか？

☐ TOEICの出題範囲を越えた学習をしているか？

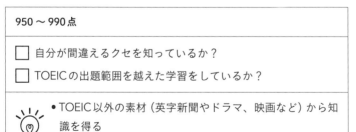

- TOEIC以外の素材（英字新聞やドラマ、映画など）から知識を得る

真の実力を見極めて、効率的な勉強をしていこう。

　たとえば、今はスコアが600点の方でも、全部チェックが入るようなら、もう1つ上の「600〜730点」をチェックしてみて、「あなたに合った勉強法」を探ってください。

　自分のスコアより低いスコアのことができていないならば、そこまで戻って勉強する必要があるかもしれません。

　ボクの知人の例だと、900点を突破したにもかかわらず、TOEICで出題される文法にあやふやな部分がありました。文法はもっと早い段階で勉強すべきです。その後、文法をきっちり勉強し直したところ、スコアアップにつながったのです。

　自分の実力に謙虚になることが大切です。

　もしかしたら、下のレベルの人がやるべきことを疎かにしている可能性がありますから。

06

超効率! スコアアップ大作戦③

教材の使い方

公式問題集を何度も解くのは非効率

　巷で有名な勉強法の中に「『公式問題集』を何回も解く」というものがあります。

　ボクからすると、これは実に効率が悪い。

　なぜならば、同じ問題を何回解いても新たに学べることは少

ないからです。

　簡単なリスニング問題なら、選択肢を見ただけで解答を思い出してしまいませんか。

　リーディングの問題なら、キーワードを見ただけで答えがわかってしまうこともあるでしょう。

　そこまで読み込むので学びがゼロというわけではありません。

　でも、解いたことのない総合対策やパートごとの問題集を新たに取り組むのに比べたら、**回数をこなすだけの勉強法は、単なる自己満足で終わってしまいます**。

　さらに言うと、この勉強法、実はなかなか実践できることではありません。

　よくよく考えてみると、「2時間の模試を何度もやる」ということです。

　2回で4時間、3回で6時間……。

　多くの人はこれほど膨大な時間を勉強にかけられません。

　そもそも忙しいビジネスパーソンがそのようなまとまった時間をとるのは難しい。

　「この方法がオススメ」と言っている人は、時間やモチベーションがあったからこそできたわけです。

　同じ問題を何回も解くために使う時間を、単語など別の勉強にまわすほうが圧倒的に効率の良い学習と言えます。

07

超効率！スコアアップ大作戦④
スコアシート分析

スコアシートを活用すれば、グングン伸びる

　突然ですが、皆さんは「スコアシート」を十分に活用できていますか。

　「トータルスコア」や、それぞれのセクションのスコアを確認して終わりではないでしょうか。

　それだけでは、実にもったいない！

　国連英検特A級、TOEFL 115点、英検1級……など難関資格を取得してきたボクが断言しますが、**TOEIC はスコアアップしやすい資格**です。

　それは、誰もが再現できる学習法があることと、スコアシートを"正しく"分析して、自分の弱点を把握して対策をすることで、スコアをどんどんと上げていくことができるからです。

分析の要、「アビメ」とは？

　一番重要なのは、スコアシート下部の「Abilities Measured」、通称「アビメ」です。弱点克服をし、戦略を立てる上で欠かせない項目です（38ページ図）。

　アビメの詳細は次項で説明しますが、その前に少し考えても

らいたいことがあります。

　皆さんは大学受験や資格試験、それらの模試などを受けた際、必ず「答え合わせ」をしますよね。TOEICの公式問題集をやっても同じです。

　「どの問題でどのくらい間違えたか（正解したか）」を自然と把握して、対策をとることになります。

　一方で、TOEICの試験では、答え合わせができないため、**ご自身の詳しい成績（正誤状態）はわかりません**。

　スコアシートにも、「Part 1は○問、Part 2は○問目と○問目が正解……」といった情報は載っていません。

　ではどうしたらいいのか。

　そこで登場するのが、「**アビメ**」です。

　実は、アビメの見方を覚えれば、「どのパートを落としているか」「どんな問題をニガテとしているか」などのかなり詳しい情報を得ることができます。

　もちろん、受験したときの感覚、記憶に頼って、「Part 7で○問解けなかった」「Part 2で聞き取れない設問があった」……で対策をとるのも効果がないわけではありませんが、「超効率的」とは言えません。

　本書の読者の方には、ぜひアビメ分析を攻略して、最短で目標スコアへ到達してほしいです。

　なお今回は特別に、「日本一、TOEICに詳しい」ヒロ前田先生にアビメ分析について伺った話をまとめました。

　では、次項より詳しく見ていきましょう。

08

超効率! スコアアップ大作戦⑤

アビメの項目

アビメの10項目はどんな問題を指している?

　アビメは、リスニングとリーディングでそれぞれ５項目、全10項目あります。ざっくり言うと、設問が次のように振り分けられています（実際に受験してみないと、これ以降の解説は難しく感じるかもしれません。そう感じる場合は、先に進んでスコアシートを受け取った後に読みましょう）。

● リスニング…「長文」「短文」「推測が必要か、そうでないか」の視点
● リーディング…「推測が必要か、そうでないか」と「語彙」「文法」「情報の関連づけ」の視点

　仮に、アビメのリスニングセクションとリーディングセクションの１項目目をそれぞれ「L1」「R1」としましょう（39ページ図）。ヒロ前田先生によると、「L1はPart 1とPart 2の成績が出る」「Part 1とPart 2のうち、推測が必要な問題が振り分けられている」ことがわかっているそうです。

　たとえば、Part 2の応答問題で、遠回しな返答（少し婉曲的な答え方）が正解となるような問題がL1に入ります。

　それでは具体的に、パートごとにどのような問題が、アビメのどの項目に入るかを次にご紹介しましょう。

1 勉強法
2 計画
3 教材
4 単語
5 品詞
6 リスニング
7 リーディング
8 準備と本番
9 満点

- リスニングセクション

Part 1 ……推測が必要、確定できない問題→L1 ／確定できる問題、モノが写っている写真→L3

Part 2 ……ストレートに答える問題→L3 ／婉曲的な答え方→L1 ／婉曲的な答え方（約10問）→L5

Part 3、4 ……概要を問う問題（約23問）→L2 ／詳細を問う問題（約46問）→L4 ／発言動機などの意図を問う問題（5問）→L5

※L5へ入る、Part 2の約10問と、Part 3、4の5問は、他のアビメの項目とも重複している

- リーディングセクション

Part 5 ……語彙問題→R5 ／品詞問題や受動態、時制などの文法問題→R4

Part 6 ……語彙問題→R5 ／文法問題→R4 ／文を選ぶ問題（4問）、1文だけを見て解けない問題→R3

Part 7 ……文章の概要を問う問題→R1 ／細かい情報を問う問題→R2 ／ NOT問題などの消去法で解く問題、文挿入位置問題、マルチプルパッセージの照らし合わせの問題→R3 ／語彙問題→R4

　いずれも、検証や仮説による推測にすぎませんので、今後のTOEICの傾向などでも変わっていく可能性はありますが、ある程度の目安として知っておくととても役立つでしょう。

　では、ボクが教えていた人の実際のアビメを見て分析してみ

スコアシート分析のポイントは「アビメ」！

実は活用できていない人が多いスコアシート。その中でも重要な「アビメ」の自己分析の方法をご紹介しましょう。

（スコアシート）

①Your Score…セクションごとのスコアと、トータルスコアが記載されている。Percentile Rank…受験者全体のうち、取得したスコアに満たない人の割合を示す。

②Score Descripter Table（レベル別一覧表）…読み書きのそれぞれの英語運用能力の長所が記載されている。

③Abilities Measured「アビメ」（項目別正答率）…各セクションで5項目ずつあり、受験者が何％正解したかと、受験者全体の平均の正解率が記載されている。

実際のアビメを分析してみよう！
トータルスコア・・・680点
　　　（L 355点 / R 325点）

自分の / 平均
スコア / スコア

まずは、平均より低いところを見て、「何のパートなのか」を探ってみよう

(LISTENING)
L1 ・・・ 63 / 64
L2 ・・・ 63 / 66
L3 ・・・ 87 / 83
L4 ・・・ 78 / 63
L5 ・・・ 47 / 56

(READING)
R1 ・・・ 62 / 53
R2 ・・・ 61 / 50
R3 ・・・ 57 / 51
R4 ・・・ 70 / 58
R5 ・・・ 80 / 63

アビメの詳細と対応するパート

(LISTENING)

L1 短い会話、アナウンス、ナレーションなどの中で
明確に述べられている情報をもとに要点、目的、
基本的な文脈を**推測できる** ⇒ **Part 1、2**

L2 長めの会話、アナウンス、ナレーションなどの中
で明確に述べられている情報をもとに要点、目的、
基本的な文脈を**推測できる** ⇒ **Part 3、4**

L3 短い会話、アナウンス、ナレーションなどにおい
て**詳細が理解できる** ⇒ **Part 1、2**

L4 長めの会話、アナウンス、ナレーションなどにお
いて**詳細が理解できる** ⇒ **Part 3、4**

L5 フレーズや文から話し手の目的や**暗示されている
意味がわかる** ⇒ **Part 2、3、4**

(READING)

R1 文書の中の情報をもとに**推測できる** ⇒ **Part 7**

R2 文書の中の**具体的な情報を見つけて理解できる** ⇒ **Part 7**

R3 ひとつの文書の中でまたは複数の文書間で**ちりば
められた情報を関連付けることができる** ⇒ **Part 6、7**

R4 **語彙**が理解できる ⇒ **Part 5、6、7**

R5 **文法**が理解できる ⇒ **Part 5、6**

ましょう（前ページ図）。ヒロ前田先生と分析したところによると、次のような特徴が見えてきました。

- ◎ L3が一番高いが、L1とL5は平均以下である
  ……Part 2の対策はある程度やっていたと思われるが、L1とL5が平均以下ということは、婉曲的な返答が出てくる問題が弱いと思われる

- ◎ R4とR5が他の項目に比べて高めである
  ……もしPart 5から順々に解いていって、Part 7では時間が足りなかったのなら、Part 5の出来がよいと言える。逆に、Part 7の長文読解において、「単語は拾えるが、文章全体のストーリーを理解できていない」ように見える

　ここから言えることは、短文の問題は対策の結果が出ているので、**長文対策として、英語を連続して長い時間聞いたり、設問先読みを強化したりすることが、今後の作戦として見えてきます**。

　いかがでしょうか。このようにスコアシート（アビメ）を正しく分析していけば、短期間で結果を残すことができるようになります。ぜひトライしてみましょう。

09

スキマ時間有効活用大作戦

「毎日20分」をコツコツと

スキマ時間は「超集中タイム」!?

　TOEICの勉強をする上で「スキマ時間」の活用法がスコアを大きく左右するとボクは断言します。

　時間がない人や忙しい人はTOEICのスコアアップが難しいとあきらめていませんか？

　ボクの指導経験から、**忙しい人のほうがスコアアップを実現しやすいと言えます**。

　勉強時間が確保しにくいビジネスパーソンこそ、スコアを上げるチャンスがあると考えています。

　なぜなら「スキマ時間」が生まれるからです。

　勉強、試験対策といえば、「まとまった時間」をとろうと考えるものですが、まったく逆。

　「スキマ時間」の最大の特徴は、「集中して勉強できる」こと。

　そのため、スコアが上がりやすいのです。

　なぜスキマ時間のほうが集中できるのでしょうか。

　長時間だとだらけてしまいがちですが、反対に、「10分間しか勉強できない」という状況だと、一生懸命に取り組み、結果集中力が高まり、覚えやすくなります。

「週末2時間」より「毎日20分」でハイスコア!

「週末に一気に学習するのと、毎日少しずつ学習するのはどちらがいいですか」という質問をよく受けます。

ボクは間違いなく後者をススメます。なぜなら、TOEICのスコアアップも英語学習も継続が大切だからです。

たとえば、1週間に2時間の学習時間を確保するとします。休日に2時間勉強するよりも、平日の移動 (通勤・通学) 時間で20分勉強するほうが、英語に触れる頻度が増えますね。

語学力は、毎日続けるほうが確実に自分のものになります。これは、3万人に指導してきた実績からも言えることですが、まとめて勉強しても語学力は定着しないのです。

習慣化することで続けることができます。

ここでまとめておくと、本書の「超効率! 英語勉強法」のキーワードは次の3つです。

◎ 毎日やる
◎ 短時間でやる
◎ 継続する

TOEICでスコアアップを目指すなら、これらのキーワードを常に意識して実行していきたいものです。頭に叩き込んで日々を過ごしたいですね。

カリスマ講師はスキマ時間をこう使う！

実は、ボク自身も「スキマ時間」を活用して韓国語の勉強をしています。

自分の授業と授業の合間に、韓国語のYouTube動画を観ています。それくらいならサッと済ませることができます。

「スキマ時間」ができるとSNSを見て時間をつぶしてしまう人が多いのではないでしょうか。

そうではなく、**空いた時間があれば、3分でも10分でも、勉強時間にガンガンあてていく**姿勢が大切です。

「スキマ時間を貯金」するスタイルが効果的

とはいえ、「時間があるほうが有利でしょ？」と考えてしまうかもしれません。

もちろん、時間はあるに越したことはありません。

ただ、使える時間がたくさんあることで逆にダラダラしてしまう、というケースに出会ったことがあります。

子育てが落ち着いたという主婦の方でした。その方は時間があったにもかかわらず、ついテレビを観てしまったり、長電話をしてしまったり、一向に勉強をしなかったそうです。

大学受験の予備校の例もわかりやすいでしょうか。

何回か浪人をすれば、目標の大学に入れるかというと、そんな簡単な話ではありません。現役生のほうがたくさん難関大学に入ります。もし時間さえあれば誰でもできるようになるんだったら、浪人生ばかりが大学合格しているはずです。

　これらの例に限らず、人は時間をムダにすることが、大の得意です。

　そもそも、TOEICに無限の時間をかけられるわけではありません。TOEICの他にも時間を割きたいこともあるはずです。

　まとまった時間がとれない人ほど<u>「スキマ時間」を"貯めていく"学習スタイルを実践するとよいでしょう</u>。

　時間的な制約が生まれます。すると、効率を求める。それによって成績がぐんと伸びるわけです。それを肝に銘じておきましょう。

10

「TOEIC知識」の武装大作戦①
「英語がペラペラ」は必要ない!?

留学してもハイスコアはとれない

　「留学していればTOEICのスコアは上がりますか?」という質問を受けることがあります。

　<u>断言します</u>。

　<u>TOEICのスコアアップに留学は不要です</u>。日本国内で独学だけでスコアを上げることができます。

　留学経験があるボクが言うのは説得力がないかもしれません。でも、留学したからこそ、「海外経験のあるなしはTOEICのスコアにはそこまで影響しない」根拠がわかったのです。

　留学せずに満点を取得した人は何人もいます。

　ボクが教えている方のほとんどは留学経験がありませんが、スコアアップを実現しています。

　なぜ、留学しなくてもスコアが上がると言いきれるのでしょうか?

　ハイスコアを取るためには、「TOEICで出題される日常の場面やオフィスの場面をよく知っているか」が重要だからです。

　これらを知っていれば、スコアが上がりやすい、という単純な話です。

　背景知識があればあるほど楽になるテストなので留学しなくても十分に身につきます。

　留学すると現地に友だちができ、流行の歌やタレント、近所のウワサ話……などの会話はできるようになるかもしれませんが、それらの会話で使う単語や表現が、TOEICテストのビジネスシーンに出てくるでしょうか。

　1つも出てこないわけではないでしょうが、オフィスで使う表現はまた別の話ですね。

　留学をしたことで英語力を上げたとしても、TOEICで出る場面を知らなければ、スコアアップは難しいと言えます。

高い英語スキルよりも、スコアに直結するノウハウ

　他にも、英語が好きで、会話をするのが好きな人であっても、スコアを上げられない人もいます。

　また、映画や海外ドラマを観るのは好きであるものの、スコアを上げられない人もいます。

　このような人々からわかったことは、英語が好きであったとしても、TOEICというフィールドでスコアを取るための知識をどんどん増やしていかないといけない、ということです。

　裏を返すと、そういった知識を増やしていけば、ハイスコアを手にできると言えます。本書では、「TOEIC専用の知識」を惜しみなくお伝えしていきます。

11

「TOEIC知識」の武装大作戦②
対策は「単語」「パート別」の2本軸で

TOEIC対策のポイントは……?

　TOEICの対策をするとなると、「単語を覚えなきゃ」「リスニングに慣れるために聴き流しを」「模試をやらないと」「長文読解のためにいろんな文書を読んでおこう」……と、あれもこれもやるべきことを思いついて焦る気持ちはよくわかります。

　そこで、皆さんに安心材料をお伝えしましょう。TOEIC対策は次の2つに絞ることができる、ということです。

　対策① 単語 (品詞／コロケーション／言い換え)
　対策② パート別対策

対策① 単語

　まずは「単語」です。どのスコアの人にとっても「単語」は重要です。

　とはいえ、ボクの言う「単語」とは「TOEICに出る単語の意味を覚える」ことだけを指していません。

- 単語の「品詞」を覚える
- 相性のよい単語どうしの「コロケーション」を覚える
- Part 3、4、7の本文と選択肢との間でなされる「言い換え」を覚える

　単語といっても奥深い世界です。「グルグル勉強法」など、覚え方も含めて、詳しくは第4章でお伝えします。

対策② パート別対策

　次に「パート別対策」です。当たり前のことですが、リスニングとリーディングのパートに応じて、対策のとり方は変わってきます。どのようにアプローチしていくのかを知る必要があります。

　たとえば、リスニングセクションのPart 3、4なら、設問パターンを暗記しておき、お決まりのシチュエーションを頭に入れておく、などです。

　詳しくは第6章と第7章でお伝えします。

　やることが決まったら、スピードを上げていくことも大事なポイントです。意味がスグにわかることであったり、問題が素早

く解けることであったり。

　TOEICはスピードや瞬発力が要求されるテストですから、その観点でのレベルアップも必要です。

　ということで、余計な心配をしない、ムダを省いたこの2本柱でスコアアップを狙いましょう。

12

「TOEIC知識」の武装大作戦③
単語の次に押さえておきたい品詞問題

TOEIC対策は単語と品詞で半分終わる

　いざTOEICの勉強をするとなると、何から手をつけたらよいかがわからないかもしれません。

　最初は「わからない」「解けない」だらけだと思います。そのカベを突破するための鍵は「単語」です。

　前ページでもお伝えしたように、単語の意味を覚えるだけではいけません（単語の勉強法については、4章で詳しくお伝えしますね）。

　TOEICの勉強をする際に、**単語と同時に意識をし始めてほしいのが「品詞」という概念**です。

　単語と品詞さえ押さえれば、TOEIC対策は半分終わったも同然。

　しかしながら、TOEICを受験したことがない方にとって、「品

詞問題」はあまり身近ではないでしょう。

TOEICの「品詞問題」では、名詞・動詞・形容詞・副詞……などの役割が問われます。

特に、リーディングセクションの Part 5 で多く出題される「品詞問題」は易しいものがほとんどです。

なかには**5秒以内で解ける問題がある**ため、コスパという点でも「品詞」を知ることは欠かせません。

なぜこれほど品詞対策を強調するかというと、"大学受験の延長" でTOEIC対策を考える方が一定数いるからです。

入試問題には、名詞・形容詞・動詞……と並ぶ問題は多くありません。正誤問題ではあるとしても、空所補充問題ではほとんど見かけません。

TOEICほど、品詞を取り扱った問題が出題されないのです。

品詞問題に慣れていないこともあってか、後回しにしたり、面倒臭がって手をつけない方が必ずいます。

ですから、ボクは方々で「品詞問題は必ず一定の割合で出るので、貴重な得点源だ」と主張しているのです。

品詞については5章で詳しくお伝えします。

TOEICの神・神崎正哉先生式
超効率！勉強法

TOEICを知り尽くし、TOEICに関する本を多数執筆、「元祖・TOEICカリスマ講師」で、神田外語大学准教授の神崎正哉先生に、この度「TOEIC勉強法」のコツを伺ってきました。
2回にわたって紹介していきます。

得意を伸ばす

英語を嫌いにならないように得意を伸ばすのも大切。

たしかにニガテを克服したいという気持ちはよくわかります。

でも、「リーディングは好きだけど、リスニングが嫌い」という方が、無理にリスニングばかりやって英語の勉強自体を嫌いになってしまったら元も子もありません。

まずは、好きなものから伸ばしましょう。

リスニングは、スクリプトを見てわからないなら聞こえるわけがありません。まずは知っている表現を増やしましょう。

さらに、ただ聞くだけでなく、聞いたものをマネして口に出す練習をする。

これによって楽しく勉強を続けることができるでしょう。

（2『公式問題集をうまく利用する』・132ページに続く）

第 2 章

スケジュールを
制する者が
TOEICを制す

KEYWORDS

▷ 3ヵ月先

▷ 学習時間を「逆算」

▷ TOEICタイム

▷ 1日の勉強スケジュール

13

「3ヵ月後」、最低でも 「50点UP」が目標!

「3ヵ月先」がちょうどいいワケ

突然ですが、**TOEICを受験すると決めたら、最初の試験日 を「3ヵ月後」に設定しましょう。**

少し驚かれた方もいるでしょうか。

試験日という期限を設けることで緊張感が生まれますから、 勉強にメリハリが出ます。

期限を設けないと、勉強していてもダラダラ間延びしてしま います。絶対にオススメしません。

大学受験だってそうです。高校3年生であれば、残り「○ヵ 月」と期限が決まっているからこそ、追い込まれて勉強するわ けです。

その期限がなかったら勉強はなかなかできません。

一方、試験日が近すぎると、ただ受験しに行くだけになりか ねません。やはり「3ヵ月後」がベストでしょう。

目標スコアアップの設定

試験日が決まったら、目標スコアを決めてください。

1章で決めた最終目標はあくまでゴールです。

現在のスコアとかなり開きがある方は、残りの日数で到達可 能な目標スコアを設定しましょう。目標スコアが高すぎてしまう

とモチベーションが維持しにくいからです。

スコアは、もともとのスコアが低いほど点数をアップしやすく、ハイスコアなほど点数の上がり幅は小さくなります。10点や20点は誤差の範囲です。

スコア別にお伝えしておきましょう。

◎ 200点、300点のロースコア…グンと点数アップさせることが可能
◎ 600点…最低50点くらいの上げ幅が現実的
◎ 900点…600点レベルの人と違い、50点上げるのは至難の業

もう1点付け加えておくと、**もともとの英語力が高い人が本書で紹介する「TOEICの解き方」を身につければ、今のスコアが低くてもどんどん伸びていきます**。

「英語力が高い」とは、聞く力や読む力など、何らかの能力が1つでも高い状態です。

逆に、TOEICの解き方ばかり詳しくて、英語力が低いと点数は上がりづらいと言えます。

受験に最適な時期がある?

もしあなたがいつ受けようか迷っているのなら、9月がオススメです。夏休みシーズンなので、比較的勉強時間を確保できる時期だからです。

　他にも、読者の皆さんが置かれている状況によって、最適な時期があります（※ただし、地方によって開催される月は異なる）。

◎ ビジネスパーソン…査定や人事異動の時期に合わせて、「1・5・9月」
◎ 学生…長期休みや、3年生以降は就活に合わせて、「1・7月」

　勉強計画も綿密に立てる必要がありますが、受験時期もしっかりと考えていきたいものです。

14

【1ヵ月→1週間→1日】の順番で計画を立てる

「1ヵ月計画」をまずは3回まわす

　いざ勉強を始めようと思ったときに、試験日から「逆算」してスケジュールを立てる必要があります。
　「1ヵ月→1週間→1日」の順に、スケジュールを分割することがポイントです。
　「短期決戦」と捉え、それを繰り返すイメージを持つとよいでしょう。
　「3ヵ月後までに○点アップ」を目指すなら、1ヵ月のスケ

1 勉強法

2 計画

3 教材

4 単語

5 品詞

6 リスニング

7 リーディング

8 準備と本番

9 満点

ジュールを3回繰り返します。

　たとえば、1週間で「単語帳を1冊ぶんざっとチェックする」、「ニガテなパートの問題集を1冊取り組む」など決めてみましょう。

　さらに1日の勉強をスケジュールに落とし込んでいきます。仕事や友だちとの約束などと同じで、1日の中に勉強が組み込まれていると、意識が向く機会が増えていきます。

　たとえば、前日にPart 5の問題を解いて、間違えたところだけをピックアップしておき、朝の通勤時間に見直すなど、一連の流れを生活の一部にしておくといいですね。

　計画の立て方は、レベルやライフスタイルによって異なってきます。本書をひと通り読んだ後に、自分なりの計画を立ててみましょう。

　勉強をし始めるときは大変ですが、1日1日を積み重ねていくうちに、習慣化できます。

　忙しい中でもスコアアップを実現する人ほど、毎日やることを決めて実行に移しています。

必ず失敗する!?「1年計画」

　試験を1年後にすると、計画倒れになることがほとんどです。**長期目標だとどれだけの量を勉強すればよいのかがわかりません**。また何から手をつければよいかがわかりません。つまり具体的な勉強内容が見えにくいのです。

　一歩目の踏み出し方がわからなければ、当然、やる気を維持するのが難しく、挫折する大きな原因になります。

　TOEICの対策は長い目で見るのではなく、**短期的なスケジュールで考えるようにしましょう。**
　短期のほうが圧倒的に学習を継続しやすいです。

やる気が続かない原因とは?

　基本的には、短期決戦で考えてほしいのですが、目標スコアに届かなければどうしても長期化は避けられません。
　長期化するとやる気を維持するのが難しいと言いましたが、なぜでしょうか。適度なプレッシャーがないためだらけてしまうから、飽きてしまうから……などありそうですね。
　どれも間違ってはいませんが、ボクの指導経験を踏まえると、「**自分の目標スコアに対して、何が求められているかがわからない**」というのが、一番の大きな原因と言えます。
　目標スコアに合った「求められていること」をしっかりと意識し、クリアしていけば、やる気は自ずと続いていくのです。
　以下に、スコア別に求められていることを例に挙げていますので、ぜひ参考にしてくださいね。

● ハイスコアを目指している方……全パートを網羅し、「難問」への対応も必要
● 600点を目指す……単語や熟語を1つでも多く自分のものにし、得点源の品詞問題は完ぺきにしておく

1 勉強法

2 計画

3 教材

4 単語

5 品詞

6 リスニング

7 リーディング

8 準備と本番

9 満点

これまで指導してきた人たちもそうでしたが、「○○ができたら、○点が取れる」という目安が明確になれば、グンとやる気が出て勉強がはかどります。

反対に、「何が求められているか」を考えないまま勉強をして1年経ってもスコアアップしない……というケースを見かけます。

皆さんは、「求められていること」をしっかりと見定めてから取り組んでいきましょう。

15 最速でスコアがアップする! 勉強のダンドリ

学習時間は逆算して考える

学習者にスケジュールを作成してもらうと「あれもこれも」となってしまい、やるべきことが山積みに……。

これでは、せっかくのスケジュールが崩れてしまいます。

ここで大事になるのは試験日から「**逆算**」する考え方です。

「試験日までにやりきれない」と思ったら、やることリストから削除してください。

そうでもしないと、TOEICの勉強はキリがありません。

　たとえば、リスニングセクションの対策のためにパートごとの問題集を買うと、それだけで4冊になりますね。

　そこに必須の「単語帳」と「公式問題集」を入れると6冊に。リーディングセクションの対策もしないわけにはいきませんから、結局10冊近くになるでしょう。

　1冊終えるのに5時間かかるとすると、10冊なら50時間、さらに、単語帳は何周か読み込むことが多い上、問題集もできなかったところは復習したりしますね。

　単純に考えても、何百時間とかかってしまいます。

　これほどの量のタスクは現実的ではありません。

　時間が限られている以上、やらない勇気を持つことは大事です。

やるべきことは、意外とシンプル！

　1章の「TOEIC知識」の武装大作戦でもお伝えしたとおり、今のスコアがいくつであれ、「単語」と「パート別対策」の面から戦略的に考えることが大切です。具体的には、次のような課題が挙げられます。

- 目標スコアに見合った単語の知識があるか
- コロケーションや言い換えを押さえることができているか
- 各パートの時間配分や解き方を身につけられているか

　場合によっては、<u>「できなければ、あきらめる問題を決めてお</u>

1 勉強法

2 計画

3 教材

4 単語

5 品詞

6 リスニング

7 リーディング

8 準備と本番

9 満点

く」ことも**有効**です。

あきらめる問題は、以下に挙げた難問と呼ばれるものや、解くのに時間がかかる問題です 。

○ Part 1　難語が選択肢に含まれる問題（139ページ）
○ Part 2　変化球問題（141ページ）
○ Part 7　NOT問題（188ページ）

いずれも、自分のレベルに応じて、臨機応変に勉強計画を立てていきましょう。

16

「スキマ勉強」で問題が
グングン解けるようになる!

毎日のスキマ時間を調べてみよう!

今まで指導してきた人たちを見ると、忙しい方は「平日は時間がとれないので、週末にまとめて勉強します」と言います。

何度もお伝えしましたが、まとめて勉強するスタイルはボクは反対です。

人は長時間、集中できないものです。
短い「スキマ時間」のほうが集中できて効率が上がることは

__間違いありません。__

　そのため、毎日勉強を継続できるスタイルにするにはどうしたらいいのかを考えたいですね。

　毎日5分でも構いません。生活していると必ず生まれるスキマ時間を探してください。

　家事をしながらでも、お昼休みの一部でも、移動時間でも、「5分のスキマ時間」を見つけることは可能です。

　たとえば、__毎朝の通勤通学で単語を覚えるだけでも、1週間で覚えられる単語数は大きく変わります。__

　最近売れ筋の単語帳は、5分で20単語弱を確認できるように作られているので、日に5回取り組むだけで100単語覚える機会があるのです（単語を見るスピードは個人差があるので、あくまで一例です）。

　右ページ図にスキマ時間でできる勉強の例を挙げましたので、ぜひ参考にしてみてください。

　ご自身の1日のスケジュールを見て、「スキマ時間」をどんどん勉強にあてていきましょう。

スキマ時間を「TOEICタイム」に

　ボクが「スキマ時間」の活用をお伝えしているのは、決して「短時間だけやれ」という意味ではありません。

　勉強を毎日継続する上で、短時間のほうが継続しやすい、

1 勉強法

2 計画

3 教材

4 単語

5 品詞

6 リスニング

7 リーディング

8 準備と本番

9 満点

スキマ時間にできるTOEIC対策

時間	教材など	取り組み例
1分	単語帳	5単語チェック
	単語アプリ	10単語の正答問題
	文法問題が載った問題集	品詞問題（Part 5、6）を1問解く
5〜10分	リスニング問題集 長文読解用問題集	Part 1、2を数セット解く Part 7の短めの文章を数セット解く
10〜20分	リスニング問題集	Part 3、4を数セット解く

1日の予定に、TOEICの勉強をどんどん組み込もう

という意味です。

　これに加えて、継続する上で欠かせないキーワードが「習慣化」です。
　習慣化するためのコツは「何かと結びつける」ことです。
　いつも行うことと結びつけるとうまくいきやすいですね。
　通勤通学時間での勉強をオススメするのはそういう面からも理に適っています。
　同じ時刻に自宅を発ち、改札を抜け、いつもの車両に乗り……ルーティン動作にTOEIC対策をくっつけてしまうのです。
　夜なら寝る前のちょっとした時間があります。仕事と仕事の合間やお昼休みも勉強時間にできます。

このように、限られた時間で勉強するという意識が大切です。

制限時間があるため、集中できて効率が上がるんですね。

「時間ができたらやろう」という考え方はやめましょう。それ
だと習慣化しません。時間は待っていてもやってきません。

大事なのは勉強する時間を決めて、固定してしまうことです。
そうすれば、ある種、逃げられない状態を作り出すことができ
ます。

「このスキマ時間に、これを勉強する」と時間を固定すること
で、スキマ時間の勉強が毎日コツコツと貯まっていきます。

どうしてもモチベーションが上がらない……

スキマ時間はほんの５〜10分ですが、それでもときにはモ
チベーションが上がらないといったこともあるでしょう。

単語帳や問題集ばかりやっていると飽きてしまうのは仕方の
ないことです。

そんなときは**ご褒美を設定してみたり、目標スコアを紙に書
いて貼り出してみるのもいいかもしれません。**

他にも、ＴＯＥＩＣ以外の英語教材を眺めてみたり、洋書を読
んだり、映画鑑賞をしたり、大学入試の問題を解いてみたり
するのも一案です。

ＴＯＥＩＣ　Ｌ＆Ｒの他の試験、たとえばＴＯＥＩＣ　Ｓ＆Ｗ (Speaking
& Writing) にトライするのもいいですね。

本書では、最速で目標スコアにたどり着くための勉強法に

1 勉強法

2 計画

3 教材

4 単語

5 品詞

6 リスニング

7 リーディング

8 準備と本番

9 満点

絞っていますので、積極的にはオススメしませんが、ボーッとしたり、スマホをいじったりするよりは、有意義な時間になるでしょう。

　総合的な英語力の向上にはつながるので、最終的な皆さんの夢や目標には一歩近づくかもしれませんね。

17 スコアアップに直結! レベル別・1日のスケジュール

レベル別の勉強内容とスケジュール

　ここまでスケジュールや時間の使い方について説明してきました。

　本章の最後に、過去に指導した2人の具体的なスケジュール (68 ～ 69ページ図) を、勉強法とともに詳しく見ていきたいと思います。

- 初受験で265点だったAくんは、短期間で驚くほどスコアがアップ
- Bくんはいわゆるハイスコアラーだったが、一時期伸び悩む。その後、3ヵ月で970点を獲得

　いずれのシチュエーションも状況は違えど、皆さんの参考に

なるはずです。勉強中の方にとっては励みにもなるでしょう。

初受験で265点、半年後に720点

Aくん

森田先生から指導を受ける直前のテストでは、なんと265点……。大学卒業後2年間、まったく英語に触れていなかったとはいえ、散々な結果です。

仕事で英語が必要になりそうだということで、勉強を始めたものの……、あまりにもヒドかったので、そのときの講師から「TOEICを専門にしたモリテツに習ったほうがいいだろう」と言われ、森田先生に会ったのが始まりでした。

森田先生からは、本書でも何度も出てきているように、「まずは単語に取り組む」よう指導があり、『990点連発講師が教える　TOEIC® L&R テスト頻出英単語』（森田鉄也著、すばる舎）を重点的に、計2冊の単語帳を「とにかく全部覚える」ことを目標にしました。

1周目は本当にただ「見る」だけだったと言っても過言ではありません。

たしか、1冊600単語を5日間で見終わりました。

ただし、「見る」ときに、知らなかった単語などは、「学習内容」として、表ソフトに細かく書き出していました。

机に向かう勉強時間は毎日2 ～ 3時間で、仕事終わりの帰宅後です。

そして2周目は、自作した表の「学習内容」をもとに、自分

1 勉強法

2 計画

3 教材

4 単語

5 品詞

6 リスニング

7 リーディング

8 準備と本番

9 満点

がわからなかったところだけをやっていきます。

実は、「学習内容」は森田先生と共有して、随時「TOEICで出題される形式」のアドバイスをもらっていました。

「わからない」を明確にして、すぐに解決できる──、ここが森田先生の「超効率! 英語勉強法」のポイントではないでしょうか。

2周目以降は自分がわからないところだけを重点的に取り組んでいけば、600単語すべてを何度もやるよりはるかに効率的です。

さらに私の場合は、「TOEICではこう出題される」というアドバイスつきですから、TOEIC専用の知識も同時に吸収できます。

単語とほぼ並行する形で、リーディングも文法問題の教材を使って同じようなやり方で対策していきました。

「学習内容」はスキマ時間で見直すのにもピッタリです。見やすさにさえ気をつければ、手もとのスマホでいつでもどこでも復習できるからです。

TOEIC試験直前の見直しにも使えます。

また、単語力がついてくると、リスニングセクションは、お風呂上がりのストレッチ中に「イヤホンで聞きながらシャドーイングする」というスキマ時間の活用もできるようになりました。

こうして、スコアはグングン伸びていき、初受験の265点の1ヵ月後には445点、4回目の試験で600点を超え、665

点、そして半年後に720点に。

　約半年間でTOEICの勉強に1000時間を割きました。仕事との両立は大変なときもありましたが、十分なメリットを得ています。

　それに、森田先生のレッスンを受けていく中でボクなりの「超効率！英語勉強法」も確立され自信もつきました。

　実は元ホストの私。現在はまったく畑違いのエンジニアに。IT業界という流れの速い世界で生き残るには、何かが必要でした。

　その何かである「TOEIC720点」を手に入れ、人材価値が跳ね上がったことを実感する毎日です。

　森田先生には感謝しかありません。

800点台だったのが、3ヵ月で970点！

　今でこそ仕事で日常的に英語を使っている私ですが、大学時代に初めて受けたTOEICは200点台というレベルでした。

　そんなときに大学のTOEICの授業で出会ったのが森田先生です。

　今でも覚えていますが、語彙を増やすこと、そのときに「品詞」を意識することを強調されていました。

　その後、英語の道に進み、いくつか英語の難関資格を持っ

1 勉強法

2 計画

3 教材

4 単語

5 品詞

6 リスニング

7 リーディング

8 準備と本番

9 満点

た今でも、英単語の勉強の際、まず品詞を意識しているのにはその影響が大きいです。

ある時期に、TOEICに挑戦したのですが、800点台からなかなか抜け出せず、森田先生の指導を受けたところ、公式問題集をススメられました。

「まずは1回、公式問題集を通しで解いてみる。次に間違えたところ、わからなかったところをリストアップする」ことを教わり、自分だけのニガテ問題集を作成。

わからないところがなくなるまで勉強したところ、なんと3ヵ月後には970点を取ることができました。

聞くところによると、私くらいの点数で、70点以上もアップさせるのは至難の業とのこと。

本書では森田先生の「超効率! 英語勉強法」が細かく紹介されていますが、忠実にやっていけば、間違いなくスコアは上がります。私がその証拠です。

思えば、森田先生のTOEICの授業をきっかけに、英語に興味を持つことができました。

普段の生活でも海外ドラマを字幕なしで鑑賞し、英語のラジオや海外ニュースで情報収集をし、仕事では社内外問わず、メールも打ち合わせも、資料チェックも7割以上が英語です。

これほど英語漬けの日々になるとは、数年前の自分には想像もできませんでした。

スコアがグンと伸びた!「超効率! 英語勉強法」スケジュール

①Aくん 実力　265点 (L 105点／R 160点) わずか6ヵ月で700点超え!（L 370点／R 350点）

戦略	・Part 5（穴埋め短文問題）の品詞問題の正答率UP ・頻出の設問を暗記 ・単語力をUP ・リスニングセクションのPart 1とPart 2の正答率UP		
1日の流れ	6時	起床	
		通勤	
	スキマ	覚えていない単語、間違えた問題のみを集めたリストを見直す	30分
	10時	出社	
		仕事 (IT企業の会社員として、多忙な毎日を送る)	
	20時	退社	
		帰宅	
	21時	夕飯、入浴など	
	22時	**TOEICタイム** ストレッチ	
	スキマ	主に、Part 2（応答問題）をシャドーイング。 ＊テキストを開かなくてもできる	20分
	25時	就寝	

②Bくん

実力　895点（L 495点／R 400点）
3ヵ月で75点アップ！　970点に到達

戦略	・Part 7（長文読解問題）の解くスピードを上げて、正答率UP ＊もとから英語漬けの生活を送っており、耳は慣れている		
1日の流れ	6時	起床	
	7時	通勤	
	スキマ	『Huff Post』や『The Guardian』『BBCラジオ』 など、英語圏のニュースで情報収集を行う	40分
	8時	（コンサルタントとして、国内外のクライアン トとやりとり。社内外問わず、英語を使った 仕事）	
	22時	退社	
	22時半	**TOEICタイム** 公式問題集を解き（一度だけ）、間違えた部分 のみをまとめて、後日見返す	1時間〜 1時間半
	フリー スキマ	海外ドラマを鑑賞。リスニングの訓練にもな る。また、英語圏の文化や習慣をスムーズに 吸収できる	15分
	0時半	就寝	

　人生何が起こるかわかりません。森田先生の勉強法で、人生が劇的に変化しました。

スコアが激的にアップする勉強スケジュール

　いかがでしたか。ボクの教え子の中でも、特に2人は驚くような結果を出しています。

　彼らの血の滲むような努力があったのはもちろんですが、本書で紹介している、徹底的に効率化された勉強法を実践し、スキマ時間を上手に使った緻密な勉強計画があったからこその、素晴らしい結果とも言えます。

　前ページに2人のある日の勉強スケジュールを載せました。毎日同じというわけではありませんが、<u>**自分たちの生活にうまく英語の勉強を組み込み、習慣化させている**</u>のがよくわかると思います。

　ちなみに、「勉強時間」とは、トイレに行ったり、スマホをいじったり、コーヒーを飲んだり……といった中休みは省いた、純粋な実質の勉強時間と考えてください。

第 3 章

スコアが
激伸びする！
「教材」の選び方

KEYWORDS

▷ 公式問題集

▷ 大学受験用の単語帳

▷ 総合対策の教材

▷ 時間配分

▷ オススメ教材

18

「TOEICを知るために」教材を使い倒せ！

教材選びの大原則とは？

世の中には参考書や問題集などの教材があふれかえっていますね。数ある教材の中から選ぶときには、「問題を解くため」という理由が大多数を占めるでしょう。

ですが、**教材は「TOEICを知るため」に買ってください。**

これはボクが本書を通して強く訴えたいことの1つです。「TOEICを知るため」とは、つまり、相手をよく知るということです。

反対に、いきなり『公式問題集』を買って、本番同様に時間を計って解くというのはもったいないです。

これは、本番の試験を何も対策をせずに受けに行くようなもの。模試を1回解くのであれば、モチベーションも高いはずです。

にもかかわらず、対策なしで解いてしまうと、2時間という時間がムダになってしまう可能性があります。

さらに、「できなかった」という気持ちになり、モチベーションも下がってしまいます。これは機会損失です。

頻出パターンを押さえられる教材を選ぶ

では、TOEICを知ることのできる教材とは具体的にはどのような内容でしょうか。

それは、試験の時間配分や問題形式、単語など、「パターン」がしっかり載っている教材です。

たとえば、「問題形式」。

頻出パターンの代表的なものはPart 3、4の設問です。設問がパターン化されています。

---- **Part 3、4の頻出設問**

What are the speakers discussing?
What are the speakers talking about?
話し手たちは何について話していますか。

Who is the speaker?
話し手は誰ですか。

TOEICの試験では、同じパターンが何度も出題されていますから、それが載っていない教材を使い続けるのは効果的とは言えません。

19

自分の「TOEICタイム」が決まってから教材を選ぶ

「分量」「問題数」よりも大事なこと

「教材はTOEICのパターンを知るために買いましょう」とは言いましたが、では、実際に「どんな教材を選んだらよいか」となると非常に悩ましいものです。

書店のTOEICコーナーでお客さんを観察していると、平気で5冊くらい買っていく人がいます。

TOEICに対してモチベーションが高いと、ついつい教材を買い込んでしまいますが、果たしてやりきれるでしょうか。

実際のところは、なかなか終えられないものです。

消化できないことで、自分のモチベーションまで下がって、落ち込んだり、ストレスを溜めたりしてはもったいないですよね。

このように「あれもこれも」で選んでしまうのは、効率的とは言えません。

大事な視点は、「あなたが確保できる"時間"」を軸に選ぶことです。

試験日から逆算して、「やりきれる量」を算出するのです。

いきなり教材を選ぶのではなく、そもそも「自分はどれくらいの勉強時間を確保できるのか？」を計測することから始めてください。それがわかれば買いやすいでしょう。

　教材の分量が、TOEICに使える時間を超えないようにしてください。

　たとえば、1日に計1時間30分（朝起床後30分・お昼休み30分・就寝前30分）TOEICの勉強をできる場合、まずは、単語帳1冊、Part 5対策（文法）1冊、総合対策1冊の計3冊といったところだと思います。

　ちなみに、ボクが指導をする際には、**「基本的には終わらないと考えると選びやすい」** と伝えています。

　特に、単語帳は何冊も覚えきれないと思っておいたほうがよいでしょう。

　その前提があれば、買いすぎるようなことは避けられるはずです。

20

教材の情報を
やみくもに検索してもムダ!

教材を選ぶときには、次の2つの視点を持ちましょう。

① TOEICに詳しい人が書いているか
② 解説を読んで理解できるか

それぞれ説明していきましょう。

① TOEICに詳しい人が書いているか

　当たり前ですが、英語講師や通訳など、英語専門の職に就いているからといって、TOEICに詳しいとは限りません。

　では、「TOEICをよく知っているかどうか」を、どう見分けたらよいでしょうか。

　まず、**ちゃんと受験しているかどうか**、です。

　何度も受験経験がある方ならわかると思いますが、シチュエーションや問題形式など、マイナーチェンジがたびたび見受けられます。

　そういう情報もスコアアップには欠かせません。少なくとも、新形式（2016年5月以降）になってから著者が受験していないと、「最新の傾向が書かれている」とはとても言えません。

　もう少し欲を言うと、年に10回ある資格試験ですから、年に1、2回受験する人と、毎回受けている人が書いた本、どちらがより最新情報が載っているか、試験に出る内容が載っているか……これは考えるまでもないでしょう（開催回数は、地域やその年の状況によって異なる）。

　次に、**問題の研究をしているかどうか**、です。

　著者のサイトやSNSなどでこまめに情報発信がされていれば信頼できるでしょう。

　繰り返しますが、決して「著作物が多いから」というだけで選んではいけません。意外に、何年も受験経験がない著者もいます。

　著者のバックグラウンドをリサーチしてから、教材を購入するようにしましょう。

② 解説を読んで理解できるか

　意外に見落としがちなポイントが「**あなた自身が解説を理解できるか**」ということ。

　よく売れているからという理由で教材を買う人がいます。もちろん、売れているからには理由があるのですが、売れていることとその教材が自分に役立つかどうかは別です。

　また、仮に誰かが「すごくよい本」とススメたとしても、自分がその解説（説明）を理解できなければ無意味です。

　その人にとってわかりやすくても、あなたの現在のレベルでは理解できないこともあります。

　手前味噌ですが、ボクの著書の『TOEIC®TEST 単語 特急 新形式対応』（朝日新聞出版刊）を例にご説明しましょう。

　この教材は、Part 5（短文穴埋め問題）形式で、問題を解きながら単語も覚えてしまおうというコンセプトです。

　第1章は腕試しの意味も込め、それほど難しい問題は載せていませんが、最終章では、超難問を出しています。

　前半部分は、基本動詞など基礎を押さえていれば解ける問題のため、解説もある程度のレベルに達している人なら理解できるでしょう。勉強のポイントなども加えています。

　一方で、後半になるほど、ハイレベルなため、文法の説明

などは極力省き、コロケーションをサッと解説する程度です（「コロケーション」の詳細は4章116ページ）。

　語彙を勉強し始めたばかり、TOEICは600点未満……といった方の場合、この本の最終章に取り組んでもなかなか成果は出ないでしょう。

　これはあくまでボクの視点です。
　解説を見る際のポイントは、あなたの視点で「わかりやすいか」ですから、**実際に立ち読みをしてください。**
　自分のレベルに合っていることを確認してから購入することをオススメします。

21
「大学受験用の単語帳が オススメ」はウソ!

大学受験用の単語帳はかなり範囲外!

　ときどき、「大学受験用の単語帳がオススメ」と耳にしますが、ボクはまったくオススメしません。
　TOEICのスコアアップに大学受験用の単語帳が適しているというのはウソです。
　TOEICには出てこない単語や意味が多く載っているからです。

1 勉強法

2 計画

3 教材

4 単語

5 品詞

6 リスニング

7 リーディング

8 準備と本番

9 満点

スコアアップには効率が悪いと言えます（英語の勉強という括りではよいのかもしれませんが……）。

その意味を覚える時間がもったいないです。

逆の例も挙げてみるとわかりやすいでしょうか。

「TOEIC頻出単語なのに、大学受験用の単語帳には載っていない単語の例」を、ボクの著書『990点連発講師が教えるTOEIC® L&Rテスト頻出英単語』（すばる舎）からいくつか挙げてみましょう。

---- **大学受験用単語帳には載ってない！　TOEIC頻出単語**

complimentary　（形）無料の　P234

headquarters　（名）本社　P192

reimbursement　（名）払い戻し　P264

itinerary　（名）旅行日程　P260

grocery store　（名）食料雑貨類・食料雑貨店　P258

いかがでしょうか。これらはあくまで一例です。

いざ買うときの見分け方

では、TOEIC用とそれ以外はどのような違いがあると言えるのでしょうか。

簡単な見分け方としては、専門的なビジネス用語が載っているものよりも、**TOEICに出るオフィス場面や日常生活で使わ**

<u>れる単語が多く載っているもの</u>が、TOEIC用単語帳としては最適だと言えます。

　反対に、職業を表す単語の場合、税理士 (tax accountant)、法務関係 (legal affairsなど) ……といった単語が主だって載っているものは、「TOEIC頻出単語の本だ」とは言い難いです。
　なぜなら専門的すぎるからです。

　専門職でも、「配管工 (plumber)」などは日常生活によく登場する職業の単語です。それらが多く載っている単語帳はTOEIC対策に使えるでしょう（「配管工」は、水道管が壊れて修理が必要になるといったシチュエーションで頻出の単語）。

　最短でTOEICのスコアアップを実現したいなら、TOEIC対策専用の単語帳を使うようにしましょう。

22

何度も「公式問題集」を解くのはムダ

　TOEICの勉強法を調べていると、必ずと言っていいほど目にするのが『公式問題集』で、「何回も解こう」というアドバイスがよく見られます。
　しかし、ボクはこの勉強法には反対です。

理由は2つあります。

① 何度も解くのは時間のムダだから

1つ目は、時間がムダになりがちということです。

1回ぶんの模試を解くのに2時間は必要ですから、それを何回も……というのは現実的ではありません。

それに、確実に正解できる問題を繰り返し解いてもムダです。解き方が身についている問題を何度解いても、スコアアップにはつながりません。

できないことをできるようにすることに時間を割いたほうが効率的です。

<u>『公式問題集』の使い方としては、自分がニガテとしている問題や知らない表現を見つけるために解く、というスタンスが望ましいでしょう。</u>

② 答えを覚えてしまう

2つ目は、答えを覚えてしまっていたら意味がないからです。Part 1などは写真や音声、両方の情報があるため、そんなつもりはなくとも、解答自体を丸々覚えてしまっている、ということもあるでしょう（視覚情報、聴覚情報と揃うと覚えやすいと言いますよね）。

もちろん、記憶が薄れたら、再びやるのはありだと考えています。

公式問題集を
最大限に活用するコツ

「ナゼ解けなかったのか？」を徹底分析

　何度も公式問題集を解くのはオススメしませんが、一度は取り組む必要があります。

　ここではそのコツを紹介していきます。

　まず全体を通して行ってほしいのは、問題を解く際に「勘」で解答をしたものにはチェックを入れることです。

　偶然正解した問題は「わかっている」ことの証明になりません。

　自力なのか、勘なのか。もっと詳しく言うと、

- 単語を知らなかった
- 単語は知っていたが使い方を覚えていなかった
- その Part 特有の解き方を知らなかった

　といったような <u>「何が原因で解けなかったのか」の自己分析が必要</u>です。

　また、リスニングでは、集中力が切れて聞き漏らすこともあるでしょう。

　一番多いのは、「単語を知らない」「音を間違って覚えている」です。

公式問題集の超効率的な使い方

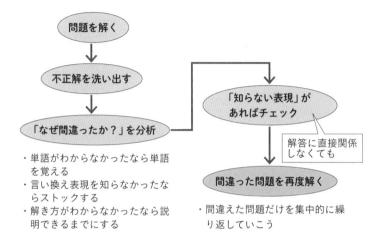

最終的には、これらをストックしていきましょう。大事なことなので、上図に手順をまとめておきます。

過去、スコアをアップしてきた人たちの中には、公式問題集が付箋やマーカーできちんとチェックされている人もいました。ノートを作ってメモしたり、言い換え表現をストックしている方も。

効率的に「自分が解けない問題」だけを抽出して対策していったのですね。

このようにすると、自分のニガテや弱点が浮き彫りになっていきます。

なお、『公式問題集』はTOEICのテスト作成団体が作る問

題なので、本番で頻出の表現や言い換えが出ています。

TOEICのパターンを覚えるために繰り返し使うことは有効です。

　前述した、Part 3、4、7の設問はもちろん、すべての設問の意味がとれるかを確認します。何度も同じ設問が出るので、暗記してしまいましょう。

　ちなみに、こういった模試の話をすると必ず聞かれるのが、TOEICの「過去問」の存在。

　御存じの方もいると思いますが、TOEICの過去問は販売されていません。"日本では"。

　韓国でなら過去問を購入することができます。当たり前ですが、解説などは韓国語です。興味がある方は、日本でも輸入販売しているお店があるので、取り寄せてみてもよいでしょう。

24

「2時間もかけられない！」という方に

手軽に模試ができる！

　公式問題集は必ず取り組んでほしいのですが、模試を1回行うだけで2時間、さらに正解率を出したり間違ったところの解説を読んだりすれば、少なくともさらに1時間はかかるでしょ

1 勉強法

2 計画

3 教材

4 単語

5 品詞

6 リスニング

7 リーディング

8 準備と本番

9 満点

う。

　「どうしてもそんな時間はとれない。でも受験したことがないから、どうにかしないと」という方に、朗報です。いくつかお手軽な方法があるんです。

・公式問題集のサンプル問題

　実は、公式問題集には、冒頭に「**サンプル問題**」がついており、各パート１〜３セットずつ収録されています。問題を解くだけなら20〜30分程度で終わるでしょう。

・公式サイトのサンプル問題

　IIBCが運営しているTOEICのサイトにもサンプル問題が掲載されています。ブラウザ上で解答でき、音声再生はもちろん、正誤判断も自動で行われます。

　実際の試験はテスト用紙に印刷されて行われるので、ブラウザ上とは感覚が多少異なるでしょうが、腕試し、「どんな試験か」「英語のテストとしてはどのくらいの難易度か」を知るには大変便利でしょう。

・市販の教材

　市販のものでもミニテストが入った教材があります。

　オススメ教材として本章の章末に紹介しているのでぜひご参考にしてください（94ページ）。

　もちろん、本格的に勉強をするときには、公式問題集を一度は解いてくださいね。

25

TOEICビギナーなら、「総合対策」がオススメ！

「総合対策」なら理解できることもある

TOEIC初心者は『公式問題集』を買いがちですが、最初に公式問題集を買っても、「できない」ことや「わからない」ことが連発します。

問題だけならまだしも、解説が理解できないこともあるでしょう。

そこで、問題形式や出題パターンを知るために、**「総合対策」の教材**から手をつけることをオススメします。

公式問題集や模試より「総合対策」が先です。

TOEICの全パートを学ぶことができるからです。

さらに、「総合対策」の教材であれば、問題形式や出題パターン、解き方などがまとまっています。

たとえば、Part 5の短文穴埋め問題は、品詞・文法・語彙の3パターンに分かれています。

当たり前ですが、公式問題集ではそのような分類はされず、ランダムに出題されます。

一方、総合対策本なら、品詞・文法・語彙問題パターンの見極めから解き方の手順まで親切に解説してあります。

総合対策とTOEIC公式問題集のメリット・デメリット

	総合対策	公式問題集
メリット	・スコアのレベルに合わせた解説がある ・解き方、出題パターンなどがわかりやすくまとまっている ・1冊で全パートを網羅できる	・実際のテスト形式で実践できる
デメリット	・解説が丁寧なものが多いので取り組むのに時間を要する ・本番（全パート）の時間感覚はつかめない	・1回2時間と、時間がかかりすぎる

詳しい説明や解説が掲載されているので、「総合対策」の教材を使って、TOEICのスコアアップにおいて必要な要素を押さえておきましょう。

　上図に総合対策と公式問題集の比較表を載せておきました。ご自身のスコアや習熟度に応じて使い分けていけるといいですね。

26

超重要! 教材で 「時間配分」をトレーニング

スピード勝負のTOEICで大事なこと

TOEICは時間との戦いです。

リーディングセクションはもちろんのこと、リスニングセクションの Part 3、4 の先読みなど、時間配分に注意する場面は多くあります。

そこで、教材で勉強しているときから、右ページ図に載せた時間配分を常に意識することが大切です。

そうすれば、**本番でも「この問題には何秒かけてもいい」というような感覚を体内時計のように身につけることができます**。

公式問題集や模試などを本番と同様、2時間を計測して解くのはなかなかハードですね。

なので、パートごとに区切って取り組んでも問題はありません。

ただ、計った時間を鵜呑みにするのは危険です。本番の状況と異なるからです。

練習で計った時間よりも、本番では多く時間がかかると思っておいたほうがよいでしょう。リスニングの約45分間は調整できませんが、リーディングの時間は特に注意しておきたいところです。他にも次のような理由が考えられます。

1 勉強法

2 計画

3 教材

4 単語

5 品詞

6 リスニング

7 リーディング

8 準備と本番

9 満点

パートごとの時間配分

Reading Section		問題数	1問	計
Part 5	短文穴埋め問題	30問	20秒	約10分
Part 6	長文穴埋め問題	16問	30秒	約8分
Part 7	1つの文書	29問	1分	約29分
	複数の文書	25問	1分	約25分
合計		100問		約72分

リーディングセクションは、自分で時間配分をしなければなりません。

・緊張

　自宅にいるリラックスした状態でやるのと、本番とでは緊張度合いがまったく違います。

　緊張でミスしてしまいそれに気づいてフォローしたり、長文問題で文章が頭に入ってこなかったり、解答根拠を見逃して何度も読み返してしまうなど、本番で時間がかかる要因はいくつも挙げられます。

・リスニング後の疲れ

　また、Part 5 の計測時間も、実際のテストではリスニングセクションが終わった後ですから、疲れ具合が全然違います。頭をかなり使った後なので、同じような問題で、同じようなスピードや正答率でできるかというと、そうはいきません。

・マークする時間

マークを塗らずに、公式問題集に丸だけつけて済ませる方もいますが、「マークを塗る時間」も含めて時間計測しましょう。

また本番では、問題用紙への書き込みは禁止なので、自分で勉強するときにも書き込まないようにしましょう。

「時間切れは当たり前」と心得ておく

全200問の時間を計測したときに、「時間内に終わらなかった!」と焦った方もいるでしょう。

でも気にする必要はありません。ボク自身、残り2問がわからず、終わらなかったことがあります。

TOEICを教える講師ですら全問解けないわけです（必須の知識ではありませんが、TOEICの採点方式上、全問正解でなくても満点になります）。

終わらないからといって、悲観的になる必要はありません。

結局、**最後までたどり着けばいいわけではなくて、自分が解ける問題をいかに多く解くかが最も重要です**。

裏を返すと、解けない問題は早めにあきらめることが大切です。

終わった後に、「あの1問で悩んでいた時間で、別の問題を何問か解けたのに」と悔やむことはよくあります。

何より、時間内には終わらないのが当たり前だと考えておきましょう。

27 ハイスコアな人ほど、教材を厳選してフル活用する

まずは1冊をやりきる

　教材の情報を調べれば調べるほど、魅力的に感じる教材がたくさん出てきます。

　ですが、その情報がオススメする教材が、あなたに合うかはわかりません。誰かの勉強法が皆さんに合うかわからないのと同じです。

　他人が使う教材が皆さんに合うかどうかもわかりません。

　まずは、**対策別に自分が思う「この1冊」を決めてください。**浮気をせずにその教材を使うことに全力を注ぎましょう。

　自分に合った教材をやりこむことは大切です。複数の教材を使って、「今日はこの教材、明日は別の教材」のように勉強を進めていくと、勉強の進み具合が遅くなってしまいます。

　1章、2章でご自身の弱点や課題が明らかになったはずです。そこから、「スコア別」「パートの取り組み」別に優先順位を考えて、単語なら「この単語帳」、文法なら「解説の詳しいこの本」、リスニングなら「Part 1と2の対策中心のこの教材」というように決めてください。

　1つの教材をやりこむことは飽きるのではと思うかもしれません。

　厳しい言い方ですが、飽きる・飽きないではなく、決めたらやり抜く必要があります。別の教材を使いたいのであれば、今

使っている教材を終えてからにしましょう。吸収できることはたくさんあるはずです。

　だからこそ、効率的にスコアアップを実現していく人は、教材の数は多くありません。

　少ない数の教材を徹底的にやりこんで、英語力アップやTOEICのパターン習得に努めていると言えます。

28 モリテツ厳選のオススメ教材はコレだ!

「新形式対応」は大前提!

　本章の最後に、具体的な教材をご紹介します。

　執筆時点での情報なので古くなっていくものですが、ボクがよいと思うポイントを添えています。

　そのポイントを含めて、今後、教材を選ぶ際の参考にしてもらえるとうれしいです。

　大前提は「より新しい」もの。2016年5月からの「新形式」に対応していることは必須要件。

　無尽蔵にあるTOEIC教材ですから、ここでは、読者の皆さんの状況を考えて、コスパ優先で教材を選んでみました。

　もし「もっと節約したい」ということであれば、自分の弱点に

応じて選ぶといいですね。

　TOEICは語彙がものを言うので、全員「単語帳」はマスト
だと考えています。

　次に、初心者であれば「総合対策」です。中級者や上級者
は購入しなくていいでしょう。

　あとは、自分の間違いが目立つセクション（パート）を選んで
いくスタンスでもいいです。

　受験者にとっては王道とも言える、朝日新聞出版の「特急」
シリーズも多く載せています。本書でも何度もお伝えしている
「スキマ時間学習」に最適な教材だからです。

　「電車の中で読める」をコンセプトにした同シリーズは、ビジ
ネスパーソンはもちろん、通学中にも読めるので学生さんにも
人気です。

　いずれにしても言えることは、手に取って実際に見てみるの
が一番でしょう。

＜オススメ教材リスト＞

●単語帳

『990点連発講師が教える　TOEIC® L&Rテスト頻出英
単語』（2019/4/25、森田鉄也著、1500円、すばる舎）

　本書で紹介する「グルグル勉強法」（4章）を実際に用いながら、
「本当にTOEICに出る単語」を効率良く吸収できる画期的な本で
す。章末には単語チェックと、巻末に設問フレーズ集を載せており、
この1冊である程度の対策ができます。

『TOEIC® L&R TEST 出る単特急　金のフレーズ』
（2017/1/30、TEX加藤著、890円、朝日新聞出版）

　TOEIC受験者で知らない人はいないほど、ど定番のフレーズ集です。著者が受験後に書き溜めた「TEXファイル」なるものをデータベースに使用。公式教材も参考にしており、「必ず出る」と評判です。

●総合対策

『はじめて受けるTOEIC® L&Rテスト 全パート完全攻略』
（2018/3/7、小石裕子著、1800円、アルク）

　「いろいろな本に手を出すには、時間的・金銭的に余裕がない」という人にオススメ。

　TOEICに出題される内容がよく分析されており、各パートの特徴や攻略法がまとめられています。

●模試 （公式問題集以外に）

『ミニ模試トリプル10 TOEIC® L&R テスト』（2017/6/23、森田鉄也著、Daniel Warriner著、1600円、スリーエーネットワーク）

　そろそろ力試しをしたいけど、2時間もとれないという方に。ミニ模試を1日1回20分程度、10日間続けるだけで、TOEICの傾向をつかめるすぐれものです。

『TOEIC® L&Rテスト 究極の模試600問+』（2020/3/12、ヒロ前田、3300円、アルク）

　著者がこだわりにこだわって作った超大作。質＆量共に素晴ら

しい模試なだけでなく、すべての設問を著者自らが動画で解説。
オンラインでマークシートを入力すれば自分はどういった問題が弱
いのかを見ることができます。

◉リスニングセクション

『TOEIC® L&R TEST パート1・2特急　難化対策ドリル』
（2017/4/30、森田鉄也著、840円、朝日新聞出版）
『TOEIC® L&R TEST パート1・2特急Ⅱ　出る問 難問
240』（2018/7/30、森田鉄也著、840円、朝日新聞出版）

　新形式になってリスニングセクション、特にPart 1と2は難しく
なっています。その原因は難解な語句が出てくるためです。本書
では、過去100回以上受験した経験を持つボクが、難解語句を
ふんだんに散りばめました。片手で読める問題集としてはかなり多
い問題数を載せています。

◉リーディングセクション

『TOEIC® L&Rテスト 英文法 ゼロからスコアが稼げるド
リル』（2017/11/15、高橋恭子著、TEX加藤監修、1200円、
アルク）

　短い文でかつ選択肢が2択という形でTOEICに必要となる文法
を学ぶことができる本。まさに基礎の基礎が学べます。TOEIC形
式の問題では難しすぎてやる気が起きないという人にオススメ。

◉Part 5対策兼単語対策

『TOEIC® TEST 単語特急　新形式対策』
（2016/9/30、森田鉄也著、760円、朝日新聞出版）

　本書は、Part 5の出題形式で読者が問題を解きながら、同時に単語力も身につけられる本です。単語をただ覚えるよりも、実際にどのような例文で出てくるかを体験したほうが身につくこともありますね。

●リーディング（Part 7）
『TOEIC® L&R テスト パート7攻略』
（2017/7/21、中村澄子著、1600円、ダイヤモンド社）
　最難関であるPart 7の攻略に特化した本。本のデザインが工夫されており、見やすく重要なポイントがわかるようになっています。図や矢印などもふんだんに使われており解答に至るプロセスを知ることができます。

※価格はすべて税抜表示

- - - - - - - - -

　いかがでしょうか。全部で10点ご紹介しましたが、本書で学んだように、まずは自分の視点をしっかりもって選べるといいですね。

第 4 章

忙しくても
スキマ時間でスコアが
劇的にアップする
「単語勉強法」

KEYWORDS

▷ スコアアップにつながる単語力

▷ グルグル勉強法

▷ 仕分け

▷ 1つの意味

▷ コロケーション

▷ 辞書アプリ

29

スコアアップの最短ルートは「単語」勉強

単語を知れば知るほど、スコアが上がる

　TOEICの対策を行っていく上で避けて通れないのが「単語」です。

　知らない単語は聞こえないし、読めません。試験はすべて英語。音声も問題文も設問も選択肢も英語です。

　試験対策となると、その試験特有の解き方をまず知ろうとする方がいますが、その前に単語を覚えていくべきです。

　極論ではありますが、**TOEICに出てくる単語を知っているネイティブスピーカーは、解き方を知らなくても満点を取ることができます**。

　単語力といっても、「ただの単語力」と、「確実にスコアにつながる単語力」の大きく2パターンあります（拙著『TOEIC®TEST 単語 特急 新形式対策』朝日新聞出版）。

　英単語を見て日本語訳が浮かぶという「ただの単語力」では、英語のスキルには役立ちません。雑学を知っているのと大差ありません。

　「ただの単語力」が身についているなら、本書でしっかりと「スコアアップにつながる単語力」を理解し、単語の勉強を徹底的に行ってください。

　私が定義する「スコアアップにつながる単語力」とは、「意

1 勉強法

2 計画

3 教材

4 単語

5 品詞

6 リスニング

7 リーディング

8 準備と本番

9 満点

単語勉強の負の連鎖

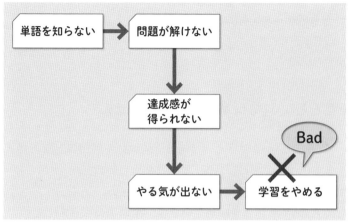

味がわかる」「品詞がわかる」「コロケーションがわかる」「言い換えがわかる」能力です。

　TOEICに出る単語を知っていれば、解ける問題が爆発的に増えます。必然的にスコアもアップしていくのです。

単語の負の連鎖とは?

　多くの学習者は単語の学習を避けようとします。
　地味で、地道で、ツラくて、楽しくないからでしょう。
　嫌いだからやらなくていいかというと、そう甘くありません。
　単語を覚えないことによる負の連鎖に陥ります(上図)。

　単語を知らないと、問題を解くことができません。

　問題を解くことができないと、達成感が得られません。達成感が得られないと、やる気がなくなります。

　やる気がなくなると、学習をやめます。

　この負の連鎖に陥らないためには、単語と向き合うしかありません。

「なんとなく」では単語力はつきません

　次項で効果的な覚え方である「グルグル勉強法」をお伝えしますが、その前に少し厳しいことを言います。

　「単語をやる」と"覚悟"を決めてください。

　なんとなく単語帳を眺めていても、単語力はつきません。

　「単語の勉強は飽きる」なんて言っていたら、いつまで経ってもスコアアップはできません。

　新鮮なら飽きないかもしれませんが、覚えるべき単語がいつまでも新鮮なのは、それはただ覚えていないだけ。

　……とそんな厳しいことをお伝えしましたが、ボクも実は単語の勉強ではツラい思いをしました。皆さんのお気持ち、よくわかります。

　韓国語を習い始めた頃のことです。英語初級者への指導のヒントを得る目的もあり語学学校へ通い始めました。

　ですが、**意味もわからない、ハングルの音と形を、ひたすら丸暗記する日々……。**

　でも、10週間たった頃でした。先生からある単語の意味を尋ねられた際、別の韓国語の単語に言い換えて答えることが

1 勉強法

2 計画

3 教材

4 単語

5 品詞

6 リスニング

7 リーディング

8 準備と本番

9 弱点

できたのです。

　そのときの快感は今でも覚えています。

　地道な学習で蓄積された単語たちを操ることができたうれしさ、相手と会話できた喜び……。

　新たなやる気を呼び起こし、さらに韓国語を極めようという行動につながっています。

　少し話は逸れましたが、990点を何度も取っているボクも、流ちょうな英語を話す有名人も……どんな英語学習者も、最初は単語を身につけることから始めたのです。

　だからあなたにもできます。

30 単語がスルスル入ってくる！「グルグル勉強法」とは？

「書いて覚える」……実は非効率！

　TOEICに出る単語を覚える際に、ノートにひたすら単語を書く人がいます。

　もちろん、学校などで単語の意味を書くテストが出るならば、その覚え方でもよいとは思います。

　書かないとどうしても覚えられないという人もいるでしょう。

　大学受験などの記述テストを想定した勉強ならそれもアリで

すが、TOEICには「綴りを間違えずに単語を書きなさい」「意味を書きなさい」という問題は出てきません。

音で聞いて意味がわかればいい。

目で見て意味がわかればいい。

TOEICで問われることとずれた形の学習は時間がもったいないだけです。

一番は、市販の単語帳に徹底的に取り組むことでしょう。

まずは単語を見て日本語訳がパッと出てくるかをテストし覚えていく。その後、相性のよい語句や言い換えを覚える。

問題集を解きながら単語を覚える方もいますが、それよりも、出題傾向や難易度順などで1冊にまとまった単語帳を見るほうが効率的です。

本章でも、単語帳の使用を前提として勉強法をお伝えしていきます。

超キケン！ 覚えた"つもり"現象

ここまで聞いて「じゃあ、見て覚えよう」と思う方がいるかもしれません。でも、1点注意があります。

それは、「覚えたつもり」にならないことです。

ボクが指導していた人の中に、単語と日本語訳を見るだけで覚えたつもりになる人がいました。

でもそれだけでは、テストの問題文の中で、覚えたはず（とカン違いしている）の単語を見ても、「わからない」となってしまうわけです。

日本語訳を隠して単語を答えられなければ、覚えたとは言え

ません。

その状態でテストを受けても、答えられない、わからない、解けないが頻発するだけです。

そうならないためには、覚えたかどうかを確認することです。

3万人に効果があった「グルグル勉強法」

ボクは単語を覚える際には、「グルグル勉強法」を使うように指導しています。

今まで何万人にもこの勉強法を教えたことで、単語力アップはもちろん、スコアアップを手にしていきました。

そのグルグル勉強法では、「問題形式にして覚えよう」と伝えています。やり方はとてもシンプルです。

「覚えられないものだけを繰り返す」

これだけです。

では詳しい手順を次項より見ていきましょう。

31

3万人のスコアを激アゲさせた「グルグル勉強法」のしくみ

グルグル勉強法のステップ

グルグル勉強法はとてもシンプルで、手順は次の3つ。

---- **グルグル勉強法の3STEP**
1周目　「仕分け1」高速で3つの印をつける
2周目　「仕分け2」覚えていない単語をさらに仕分け
3周目　「深掘り」周辺情報もとり入れる
　⋮

　意味を覚えていないものだけを効率良く繰り返す勉強法を、『TOEIC®テスト 実力アップのテクニック―絶対間違えない勉強法と参考書選び』（スリーエーネットワーク）の著者であり、私が尊敬する中川徹さんが、著書の中で「**グルグル勉強法**」と呼んでいます。

　私もこの勉強法をベースにした、単語帳の使い方を推奨しています。

　よくある単語勉強法に、「1分間に何単語も眺めて、それを何セットか行う」「1つの単語の付属情報をしっかりと頭に入れて、単語を定着させる」「単語の例文を聞き流して耳で覚える」……などありますが、TOEICで目標スコアに届くための最善策とは言えません。

　TOEICの問題形式（記述はない、ビジネスシーンが多いなど）や効率面から考えると、「グルグル勉強法」で、**覚えていない単語を洗い出し、それを中心に頭に入れていくというのがベスト**でしょう。

　なお、単語の勉強時に、英単語の音声を再生してチェック

1 勉強法

2 計画

3 教材

4 単語

5 品詞

6 リスニング

7 リーディング

8 準備と本番

9 蒸点

するのが、リスニング対策にもなるのでオススメです。詳しくは6章でお伝えします（134ページ）。

仕分け1　高速で3つの印をつける

　グルグル勉強法の特徴は、何度も言うとおり、「できないところだけを繰り返す」ところにあります。

　そのため、1冊の単語帳を何周か取り組むことになります。何周かかるかは人それぞれですが、最低でも3段階（3周）以上は必要です。

　まず1周目では、流れ作業で、3つのカテゴリーに「仕分け」をしてください。

　「仕分け」 とは、日本語の意味がすぐに出てくる単語と、そうでない単語を分ける作業です。手順は次の2つ。

　1. 和訳を隠して、意味を覚えているか確認
　2. 以下の3つに分ける

✓ 知っている

◥ ビミョー（意味が出てこない）

☐ 覚えていない　※印はつけない

　どんどんページをめくりましょう。「読み込む」というより、「見る」感覚に近いくらいのスピード感です。

　知らない単語は思い出そうとせず、機械的に「知っている」「ビミョー」の印をつけてください。

　たとえば、600語なら数日、もしくは1日で終わります。

　なお、お手元の単語帳で「難単語」の章がある場合は、基礎の章だけを仕分けするようにしましょう。たとえば、スコアごとにレベル分けされた単語帳なら、スコア800、900レベルの単語は後回しにするということです。

仕分け2　覚えていない単語をさらに仕分け

　単語帳の2周目は、「ビミョー」と「覚えていない」単語を仕分けていきます。

　2周目なので、「覚えていない」から「知っている」へ格上げできる単語も多いでしょう。また、「覚えた」というステイタスの印が1つ増えます。

　1周目同様、日本語訳を隠しながら、わからない単語は後回しにしてどんどん進めていきましょう。

◉ 「ビミョー」「覚えていない」単語をさらに仕分ける印

◪ ビミョー ➡ ☒ 覚えた

☐ 覚えていない ➡ ◪ ビミョー

☐ 覚えていない ➡ ☒ 覚えた

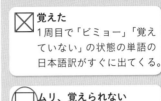

チェックのつけ方

1周目

☑ **知っている**
日本語訳がすぐに出てくる。

◻ **ビミョー**
知っているはずだが、出てこない。

◻ **覚えていない**
まったく知らない、わからない（無印）。

2周目から

☒ **覚えた**
1周目で「ビミョー」「覚えていない」の状態の単語の日本語訳がすぐに出てくる。

○ **ムリ、覚えられない**
何度やっても覚えられない。

印をつけるときのポイント
・日本語訳を隠す
・少しでも迷ったら「ビミョー」の印をつける

　2周目まで取り組んで、「一度も単語を覚えようとしていない」と不安になった方もいるかもしれませんね。

　でも大丈夫。あなたの頭の中には着実にTOEICスコアアップの単語が根づいています。「ビミョー」「覚えていない」の印が減っているのがその証拠です。

　通常の記憶法や暗記法とは比較にならないぐらい、高速で膨大な単語を見ているぶん、超効率的に吸収しています。

　また、ページをどんどんめくったり、印をつけていくスピードに「快感」を覚えるはず。これが何よりも大事です。

グルグル勉強法 3周目「深掘り」

　3周目も2周目と同じように、「ビミョー」「覚えてない」単

語をどんどん仕分けしていきます。

　もし、単語帳の8割程度に「知っている」の印がついたり、飽きがきたりしたら、「補足情報」も覚えていきましょう。「補足情報」とは、相性のよい語句や、言い換え表現などのことです（114ページ）。

　また、「覚えていない」単語が減ったな、と感じたら、ランダムにテストをしましょう。「単語の順番」で覚えてしまっていた単語があったことに気づくはずです。

グルグル勉強法はこれで完ぺき！

　1周目で「知っている」の印を入れていても、「実は不安」と感じる単語もあるでしょう。

　そんなときは一度すべての単語をテストしてみてください。

　仕分けし直すことにもなるので、「グルグル勉強法」のステップも踏めますし、何より**「これで不安な単語はなくなった」という安心感を得られ、また自信にもつながります。**

　また、何周しても覚えられない単語というのが、どうしてもあります。ボクの教え子たちでもそうでした。

　そういうときは、「ムリ」の丸囲みをしましょう。

　「ビミョー」の印をつけていても「ムリ」の印に変えます。覚えていない単語の数は、周数を追うごとに減っていきますから、いつかは必ず覚えられるはずです。

覚えた単語が増えるほど、勉強時間も増す

　仕分け作業を終え、復習をして、覚えていない単語が減ってくると、単語勉強の時間を短縮することができます。

　500単語復習しなければいけない人と、20単語しか残っていない人とでは、当然、単語数が少ないほうが、時間も短くて済みますね。

　本番直前に確認する単語もそれらだけで済みますから、他の単語は見る必要がありません。

　今まで単語に費やしていた時間を別の勉強にあてることもできますね。

　TOEIC受験2回目で約200点アップしたある人は、初受験の直後から、1日の勉強時間のうち、半分以上を単語の勉強にあてていたと言います。

　それ以降は、覚えた単語がグンと増えたのもあり、パートごとの対策時間も作れるようになったそうです。

　単語の勉強時間は目標スコアと現在のレベルにもよるので、一概には言えませんが、単語習得数が勝負のカギを握ることは確かです。

　何度も言いますが、単語は覚えた数だけ、スコアにつながります。

　「1語でも多く！」、この気持ちで続けていきましょう。

32

グルグル勉強法のポイント①

「1日20単語」に触れるだけ

視覚的に満足感を得られるしくみ

　ご紹介した「グルグル勉強法」はスピード感を重視しているぶん、達成感を味わいやすいです。

　サクサクと仕分け作業をしていくことで「これだけ進んだ」という進捗度合いが目に見えます。覚えた単語に印をつけることで「これだけ覚えた」という達成感を味わうことができます。

　一気に覚えようとはせず、ゲーム感覚で繰り返すようにしてください。「覚えたものに印をつける」作業を少しずつ積み上げていくゲームのようにです。

　最初は大変かもしれませんが、達成感が伴うと、やる気につながっていきます。

1日20単語で、600点も現実的に

　1日20語に出会えば、1ヵ月で600語に触れることができます。

　「TOEIC 600点に必要な600語」というような単語帳も多く出ているので、そういったものを活用すれば、600点レベルまでの単語力はつけることができます。

　何度も言いますが、1日に20語を完ぺきに覚えようとするとツラくなります。そこで、「**1日に20語と顔合わせをする**」程

度の意識で始めるといいですね。

　知らない単語の日本語訳を隠して、何分考えても自分が苦しいだけですから、そういうときは、「眺める」「読む」だけでも意味はあります。

　その後に日本語訳を隠して答えられれば気分もアガるでしょう。

　本書の「超効率！英語勉強法」では、高速で大量の単語をさばくことを推奨していますが、**初学者の方や、英語に抵抗感があって20語ですらキツイという方は5語でも10語でも構いません**。

　もちろん、すべてを終わらせるのに時間はかかりますが、負担に感じるとやらなくなってしまいます。

　ペースがつかめてきたら、単語の量を増やすなど、その都度レベルに合わせて調整していきましょう。

33 グルグル勉強法のポイント②
「1つの意味」に注力する

「基本的な単語」の「1つの意味」から

　1日20単語といっても、1ヵ月で600単語と言われれば、覚える単語が多すぎて途方にくれるかもしれませんね。

　まずは「基本的な単語」に絞って勉強を進めるようにします。

　単語帳は、頻出順（必ず出る→ときどき出る）や難易度順（易しい→難しい）に構成されているものが多いので、素直に順々に勉強していけば、基本的な単語が身につくでしょう。

　次に大切なのは、単語の「点」を作ることです。つまり、**「1つの意味」を覚えることから始める**ということ。

　たとえば、拙著『990点連発講師が教える TOEIC® L&Rテスト頻出英単語』（すばる舎）の18〜19ページをご覧いただくと（右ページ図）、「purchase」という単語に対して、右ページには1つの意味である「購入・購入品＜名＞」「〜を買う＜動＞」と、関連語（コロケーション）である「make a purchase＝購入する＜動詞＞」などの情報が載っています。

　「1つの意味」である、名詞の「購入」を頭に入れてほしいのです（前述もしたとおり、発音記号と自分の記憶が合っているかも付属の音声でチェックできるとベストです）。

　1つ覚えたら「覚えた」という印をつけましょう。

　見出し語を見ただけで「1つの意味」が答えられるかを、テストしていきます。

　ほとんどの単語帳では、赤字表記されている「1つの意味（和訳部分）」の部分を付属の赤シートで隠して、覚えたかどうかを確認できるようになっていますね。

　赤シートがなくても、手や文房具で隠してチェックできます。

　「覚えた」という印をつけると、それを見るだけで達成感が湧き、さらなるやる気につながります。

勉強法 1

計画 2

教材 3

4 単語

品詞 5

リスニング 6

リーディング 7

準備と本番 8

満点 9

単語帳の使い方

単語帳にはさまざまな情報が載っています。本書で紹介する「グルグル勉強法」が最大限の効果を発揮する単語帳の使い方をご紹介しましょう。

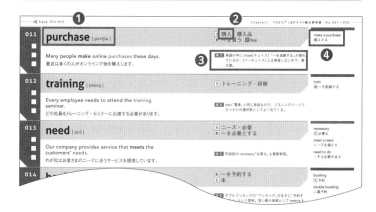

❶ 見出し語と発音記号

あなたが覚える単語です。発音記号もチェックしましょう。たいていの単語帳には音声がついているので、自分の記憶が正しいか確認できるとベストです。

❷ 1つの意味 (和訳)

この例では名詞の「購入」が、1周目で見出し語とセットで覚えてほしい「1つの意味」です。この部分を隠してチェックしていきます。

❸ 別の意味や類語、言い換えなど

3周目以降で取り組んでいきたい部分です。別の意味を覚えることで、言い換え表現なども記憶に定着しやすくなりますね。単語帳によっては、別枠になっていることも多いようです。

❹ 関連語 (コロケーション) など

ここも3周目以降でどんどん覚えていきましょう。

1冊の単語帳を、グルグル勉強法で効率良く使い倒そう。

派生語は後からでも大丈夫

1つの意味だけチェックするとなると、単語帳に載っているすべての情報に対して印をつける必要はない、ということです。「**派生語**」が代表例です。

ボクの単語帳にも派生語などを掲載しましたが、派生語は、前ページの図でいうところの③や④の、類義語や関連語などのことです。

たとえば、「competition」という見出し語に対して、派生語は「compete（競う<動>）」「competitive（競争の・競争心の強い・（価格が）安い）<形>」となります（『頻出英単語』（小社刊）P250 ～ 251）。

単語をテンポよく覚えていくには、さまざまな情報をいっぺんに覚えようとしないことがコツです。

一度に大量の情報を入れると、頭が疲れてしまい、覚えるのがツラくなってしまいます。

先に進むのも遅くなってしまいます。一気に多くのことを覚えるのはデメリットばかりなので、1つの意味をクリアすることに絞りましょう。

その後、派生語や言い換え表現を覚えていきましょう。

他の知識を覚えるタイミング

1つの意味を覚えることができると、頭の中には記憶の「点」ができます。

1 勉強法

2 計画

3 教材

4 単語

5 品詞

6 リスニング

7 リーディング

8 準備と本番

9 満点

英単語のクモの巣

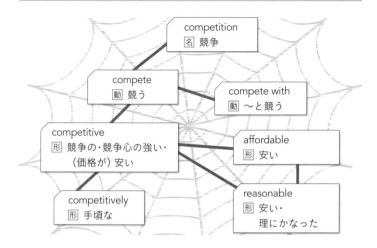

最終的に「単語を習得した」と言えるためには、その点を「別の点（知識）」につないで「線」にするイメージを持ちましょう。

これは、「カテゴリー化」という、記憶を定着させ、頭の中で知識を体系化するための作業です。

別の点とは、「他の日本語訳」や「派生語」、「関連語」、「類語」、「単語の使い方」にあたる部分です（113ページ図の、④や例文などの部分）。

1つの点（単語）に対して、これだけ多くの別の点を一度に覚えようとするのは難しいですよね。

ですので、まずは「見出し語」と「1つの意味」をセットにした「単語」の点をつくります。

「単語」の点を地道に増やした後に、派生語や類義語などの

「別の点」をつなげると、連鎖反応のように、いろんな点が結びつき始め、「線」となります。

「線」は他の線と結びつき、やがて頭の中にはクモの巣が張り巡らされた状態になるのです。

いわば、**英単語のクモの巣**ですね（前ページ図）。

こうなれば、初見の単語でも、難解な熟語でも、すでにある「点」「線」とつながり、簡単に吸収することができます。

クモの巣ができ始めれば加速度的に単語の習得数が伸びます。単語だけでなく、英語の勉強全般にもよい影響が出始めるでしょう。

「コロケーション」について

一度ここで、単語勉強に大きく関わる「コロケーション」について触れておきましょう。

ここまでに何度か「コロケーション」と言ってきましたが、コロケーションとは一体何なのでしょうか。

コロケーションとは、「この語とこの語はよく一緒に使われる相性」のことです。

熟語とは異なります。たとえば、completeには「記入する」という意味があります。

この語はthe form「用紙」と相性がよく、complete the form「用紙を記入する」という形でTOEICによく出てきます。

こういった語と語の相性のことを「コロケーション」と言います。

1 勉強法

2 計画

3 教材

4 単語

5 品詞

6 リスニング

7 リーディング

8 準備と本番

9 満点

大学受験までしっかり学ばない人が多いのですが、TOEICでは、コロケーションの知識で解く問題が非常に多いです。

　ボクが書いた単語本では、113ページ図の④や、例文の太字部分がそれに当たります。

　また有名なところで言うと、「金フレ」がコロケーションを集めた本だと言えます（『TOEIC® L&R TEST 出る単特急 金のフレーズ』。本書の94ページに紹介）。

すべての文はコロケーションで成り立っていると言っても過言ではありません。

　手元の単語帳にコロケーションも紹介されているなら、ぜひ一緒に覚えましょう。解ける問題もグンと増えていくはずです。

34
単語の勉強にオススメ! 「辞書アプリ」

電子＆紙辞書のメリット・デメリット

　本章の最後に、単語学習に欠かせない「辞書」についてご紹介します。

　今、さまざまなタイプの辞書がありますが、紙の辞書も電子辞書も、はっきり言って、以下のようなデメリットがあり、効率が悪いです。

◉ 紙の辞書…情報量が多い、重い、検索性の悪さ
◉ 電子辞書…辞書を追加できない

　そこでオススメしたいのが、スマホやタブレットの「辞書アプリ」です。
　いつでもどこでも持ち運べますし、重くありません。紙の辞書に比べて比較的安価です。辞書を追加するのも簡単です。無料のアプリでも十分使えることが多いです。さらに音声再生ができるものも多く、スマホ1台でリスニングの対策にもなります。
　辞書アプリを使いこなすことができれば、効率良く単語力をアップすることができるでしょう。
　ちなみに、GoogleやYahoo!などのインターネット検索を辞書代わりにしている方もいるようですが、オンラインでしか使えず不便な面も。勉強環境がいつもそうとは限りませんから、オフラインでも使えるアプリでサクサク進めたほうがよいでしょう。

モリテツ・オススメ！ 最強辞書アプリ

　以下にボクがいつも使っている辞書アプリを紹介します。
　ボクは知らない表現に出会ったらスグに辞書を引いています。
　教える立場にあるということもあるでしょうが、辞書アプリは、ボクにとって**英語学習を支える重要ツールの1つ**です。安くはないので自分に合ったものを選び抜きたいですね。

1 勉強法

2 計画

3 教材

4 単語

5 品詞

6 リスニング

7 リーディング

8 準備と本番

9 満点

---- **辞書アプリ**

ジーニアス英和・和英辞典 (第5版／第3版) ¥5,140
…調べた言葉の仲間が載っている。初級者から上級者
まで幅広く使われている。

ジーニアス英和大辞典 | 音声10万語、追加用例付き
¥10,000
…こちらも語源が詳しく載っている。ボクは「語源を知り
たい」という学生さんにオススメすることが多い。

小学館 ランダムハウス英和大辞典　¥6,100
…レベルが高い方向け。語源が詳しく載っている。

小学館 オックスフォード英語類語辞典　¥2,820
…こちらも言い換え表現を調べるときに使っている。オッ
クスフォードの辞書自体は、オンラインで無料で使える。
(オンラインサイト) Oxford Learner's Dictionaries
https://www.oxfordlearnersdictionaries.com/

新編英和活用大辞典　¥11,000
…コロケーションを調べるための辞書。

※価格はすべてApp Store上での税込み価格

　スコアがどんどん上がり、750 〜 860点レベルくらいになれ
ば、「英英辞典」を使うのも有効です。

　英英辞典には、その単語の説明や、ニュアンスが書かれて

います。英文に慣れたり、読みながら語彙を増やすことにも役立ちます。

　750 〜 860点レベルに届かない方は、書いてある内容が読めないと思いますので、語彙の習得にまずは努めてください。

かなり使える!「ジャンプ機能」とは?

　少し上級レベルになりますが、スマホやタブレットに複数の辞書を入れると、同じメーカーのものなら、「ジャンプ機能」を使えるようになります。

　<u>「ジャンプ機能」</u>とは、1つの辞書で調べた語句を、新たに打ち込むことをしなくても、他の辞書で調べられる機能のことです。辞書によって、語句の説明の仕方が違いますよね。

　<u>その言い換え表現を増やすために、英和辞典で調べた後に類語辞典に「ジャンプ」すると、言い換え表現となりうる類語がずらりと出てきます。</u>

　TOEICでは問題文（本文）と選択肢の中で、別の言葉で表現されることがよくあります。

　こういったことを紙の辞書でやろうとすると、手間がかかって効率が悪いです。

　文明の利器を使いましょう。

　調べた表現を定着させたい方はノートや単語帳に書き込んでおくことをオススメします。

　自分専用の厳選された情報を載せていけば、問題で出会ったときに瞬時に反応できます。

第 5 章

スコアアップの肝！
品詞を押さえて
得点源に！

KEYWORDS

▷ **Part 5、6**（短文穴埋め問題、長文穴埋め問題）

▷ **5秒で解ける品詞問題**

▷ **接尾辞**

35

ゼッタイに押さえておきたい！得点源の品詞問題

数ヵ所見るだけ！5秒で解ける

　TOEICで問われる文法事項はいくつかありますが、リーディングセクションの Part 5、6 では、動詞・名詞・形容詞・副詞などを判断する「品詞問題」が必ず出ます。

　全体に対して占める割合が大きく、しかも、問題の難易度が易しいものが多いため、品詞問題は絶対に得点源にしたいところです。

　裏を返せば、品詞問題を落とすのは非常にもったいないことだと言えます。

　<u>**問題によっては5秒以内で解けるものもあります**</u>。

　一文を読む間に5秒は経過してしまいそうですが、品詞問題だとわかれば、一文すべてを読む必要はありません。

　つまり、一部だけを見て解けるというわけです。

　品詞問題を素早く解くコツは「"印"を見つける」ことにあります。

　次ページの例題を見てください。

　まずは、「品詞問題」かどうかの見極めをしましょう。

　文全体を読んではいけません。

1 勉強法

2 計画

3 教材

4 単語

5 品詞

6 リスニング

7 リーディング

8 準備と本番

9 満点

例題

There was a big ------ in sales between the retail
division and the online department.

　(A) differ
　(B) different
　(C) difference
　(D) differently

　選択肢を見てください。

　動詞「differ」がさまざまな形で、Aから順に、動詞のdiffer
「異なる」、形容詞different「違った」、名詞difference「違
い」、副詞differently「違って」、と並んでいますね。

　"異なる品詞"が並んでいるものを、「品詞問題」と言います。

　品詞問題は、「空欄にどの品詞が入るのか」を答える問題で
す。実は、"印"がわかれば、その時点で正解を見つけたも同
然です。

　この問題では、冠詞の「a」が印です。

　「冠詞の後ろには名詞がくる」というのが、英語の大原則。

　「a」の後ろにはすぐ「big」がきています。これは形容詞です。
名詞ではないので、空欄には名詞がくるはずです。

　よって、名詞の (C) difference が正解です。

　英文の日本語訳は、「小売部門とオンライン部門の間には大
きな売り上げの差がある。」となります。

36 品詞問題の攻略が
最短ルートなワケ

品詞攻略のメリットは？

ところで、TOEIC勉強法の本で、ここまで「品詞」の攻略法を強調しているものはほとんどありません。

なぜここまで力説しているのか——。

前述もしましたが、TOEICを大学受験と同じように考えてしまう方が大勢いて、そのせいで泣きを見るからです。

大学受験には品詞の役割を問う問題はほとんど出ません。そのせいか、いざTOEICの品詞問題に向き合うと、勝手にニガテ意識を持ったり、逆に油断をして対策をしない方も……。

TOEICはすべての問題が同じ配点ですから、易しい問題をたくさん解くのが得策です。

なかでも、品詞問題は易しい問題が多いですから、品詞の勉強をするべきです。

ボクは、「得点源である品詞問題を攻略することが近道だ」と自身の経験と3万人を教えてきた実績から確信しています。

面倒臭がってやらなかったり、後回しにしたりする人があまりにも多い。

そこで、品詞を攻略することによって得られるメリットを、しっかりお伝えしていきます。

Part 5を起点に時間短縮

75分間もあるリーディングセクションは時間配分が重要です。

Part 7 にできる限りたくさんの時間を残すのが最もよい戦略です。

Part 5 の時間短縮はスコアアップの大きな勝因と言えます。

品詞問題を素早く解くことができれば、Part 5 に費やす時間を減らせるので、Part 6、7 に回せる時間が増えるということでもあります。

気持ち的に余裕が出て、勉強もはかどる

メンタル面でのメリットもあります。品詞問題を得意にしてしまえば、精神的に余裕が出ます。

TOEICの勉強をし始めたばかりだと、わからないことだらけで苦しくなりますが、品詞問題ができるようになると、勉強に勢いがつきます。

できることが増えていくと、やる気にもつながりますよね。本番でも、品詞問題を中心にして戦略を立てることができるようになります。

品詞を理解することはスコアアップにすぐにつながるルートです。

品詞問題に不安のある方は今すぐに取りかかりましょう。

37

「中学英語をおさらい」は TOEICでホントに効果的？

「中学英文法やり直し勉強法」の問題点

600点突破を目指すなら、中学の英文法の知識があれば
OKです。

中学レベルとはいっても、準動詞と言われる不定詞や動名
詞など、きちんとわかっていない人が多い印象を受けます。多
くの人がつまずきやすい文法事項でしょう。

それ以外でも、もし、前出の「冠詞の後ろには名詞がくる
（123ページ）」という決まりごとを聞いてもピンとこない人は、
TOEICの勉強を始めるにあたって、中学英文法からやり直す
のは1つの手です。

その際に、「中学英文法のやり直し」的な教材を使用される
かもしれませんが、注意点があります。
それは、**中学英文法の教材では品詞が扱われていないもの
もある**点です。
また品詞がどのように問題で問われるのかがわからない、と
いう欠点もあります。

これでは得点源にしたい品詞問題を勉強することができませ
んし、効率の悪い勉強になってしまいます。

　やり直しの勉強をしたにもかかわらず、結局試験で問われるとわからないという人は多いです。

　そこで、勉強をする際にはTOEIC対策用の教材を使うようにしましょう。

　TOEICに出題されるものを優先的に覚えていく姿勢が大切です。

　文法の中でも、品詞に関する問題の出題が多いので、品詞の役割を優先的に覚えていくようにしましょう。

　品詞は文法用語が多く出てきて、混乱するのを嫌がる方が多いですが、品詞から逃げずに立ち向かう覚悟を持ちたいところです。

　ここを乗り越えれば、大きな得点源になりますから。

品詞の役割を覚えよう

　本項目をご覧の方は文法に少し不安をお持ちかもしれませんね。

　ここで一度「品詞」についてご説明しておきましょう。

　品詞の役割を覚える際には「印」と「語尾」に目を向けるとわかりやすいです。

　optimalを例にとって説明しましょう（次ページ）。

---- **品詞の役割の覚え方**
品詞の役割を見極めるには、その単語の「語尾」に注目
します。
語尾の形によって、動詞なのか、名詞なのか、副詞な
のかが一目瞭然だからです。

単語　　optimal

品詞	スペル	語尾	訳
形容詞	optimal	-al	最適な＜形＞
動詞	optimize	-ize	〜を最適化する＜動＞
名詞	optimization	-ion	最適化＜名＞
副詞	optimally	-ly	最適に＜副＞

　「-ize」が単語の後ろにつくと、動詞になるというのは、「言
われてみればそうだった」という方も多いでしょう。
　語尾の形と品詞の役割は、感覚的に身についている方もい
るかもしれませんね。
　このように、語尾（「接尾辞」と呼ばれる）は、その単語の品詞
の役割や意味を補填する機能があります。

**語尾のバリエーションが増えれば、単語の習得数も上がって
いきます。**

　130 〜 131ページに接尾辞と単語の例をまとめた一覧表を

載せていますので、参考にしてみてください。

　定義を一生懸命覚えようとするよりも、実際の英語をたくさん目にするほうが手っ取り早い場合もあります。

　「その単語が例文の中でどのような役割があるのか（文章の中でどこの位置にあるのか）」は、問題を解きながらのほうが理解しやすいです。

　多くの実例に触れながら、定義どおりであることを理解するとよいでしょう。

1 勉強法

2 計画

3 教材

4 単語

5 品詞

6 リスニング

7 リーディング

8 準備と本番

9 満点

接尾辞表

接尾辞の形で品詞を簡単に見分けることができます。下記の表で単語の意味も一緒に押さえておきましょう。

動詞化接尾辞

-ify / -fy	certify	〜を証明する・〜に資格を与える	cert「確かな」+ ify
-ize	apologize	謝る	apology「謝罪」+ ize
-en	widen	広くする	wide「広い」+ en

名詞化接尾辞

-ance / -ence	acceptance	受け入れ・受諾	accept「〜を受け入れる」+ ance
-ency / -cy	efficiency	能率・効率	efficient「効率の良い」+ cy
-ity / -ty	warranty	保証（書）	warrant「〜を保証する」+ y
-ion	reservation	予約	reserve「〜を予約する」+ ation
-ment	retirement	退職	retire「退職する」+ ment
-ness	kindness	親切	kind「親切な」+ ness
-th	growth	成長	grow「成長する」+ th

-ant / -ent 人	assistant	アシスタント・助手	assist「〜を手伝う」+ ant
-er / -or / -eer 人	manager	部長・マネジャー	manage「〜を管理する」+ er
-ee される人	employee	従業員	employ「〜を雇う」+ ee
-an / -ian 人	musician	音楽家	music「音楽」+ ian
-ist 人	tourist	観光客	tour「旅行する」+ ist

形容詞化接尾辞

-able / -ible できる・すべき	available	利用できる・手に入る	avail「利用する」+ able
-ic	enthusiastic	熱狂的な	enthusiast「熱中している人」+ ic
-al	original	(形)もともとの、(名)原物・原本	origin「起源」+ al
-ful 満ちた	skillful	能力のある・熟練した	skill「能力」+ ful
-less 〜ない	helpless	無力な	help「助け」+ less
-ous	famous	有名な	fame「名声」+ ous
-ive	effective	効果的な	effect「効果」+ ive
-ant / -ent	excellent	素晴らしい	excel「秀でる」+ ent
-y	rainy	雨の	rain「雨」+ y

1 勉強法
2 計画
3 教材
4 単語
5 品詞
6 リスニング
7 リーディング
8 準備と本番
9 裏点

2

TOEICの神・神崎正哉先生式
超効率！勉強法

> ボクの世代にとって、伝説的なTOEIC講師の神崎先生。
> コラム第2回目は、「公式問題集」の使い方についてです。

公式問題集をうまく利用する

　答えに関係のない部分に出てくる表現が本番で問われるということはよくあります。

　Part 7の文章中に出ていた表現がPart 5の空欄補充になって本番で登場するというのは頻繁に起きる現象です。

　ですから、公式問題集で知らない表現に出会ったらきちんと意味を確認しておきましょう。

　ボクが神崎先生と出会ったのは東大大学院に通っていたときです。

　当時TOEICをテーマにした、神崎先生のインターネットラジオに「満点を取ったら出たい」と言ったのがきっかけでした。

　その後、累計360万部超えの「特急シリーズ」でご一緒することになり、常に先生の背中を追いかけてきました。

　皆さんも憧れの人、目指す人、メンター（師匠）と言える人がいるといいかもしれませんね。

リスニング対策が
スコアアップの
一番の近道

KEYWORDS

▷ Part 1-4

（写真描写問題、応答問題、会話問題、説明文問題）

▷ リッスン・アンド・リピート法

▷ 疑問文の用法

▷ Part 3、4 頻出設問

▷ スキャニング

38 リスニングはスコアが上がりやすい!

大学でもリスニング学習はしない

　6章、7章では実際のテストでの解き方の要点を紹介していきます。

　本章ではリスニングセクションのPart 1〜4が対象です。

　リスニングの対策と聞くと「聞けばいい」「慣れるしかない」と思われる方が非常に多いです。

　東大を目指すクラスの子たちでも同じ反応を示します。高校までの授業では、英文を「読む」ことに重きが置かれています。

　英語を専門に学ぼうとしない限り、大学受験まではリスニングについてきちんと習わないので、仕方ないとも言えますね。

　対策の仕方がわからないからやらない、あきらめる、そもそも重要性がいまいち実感できていない……というのが実際のところでしょうか。

　これではとうてい歯が立ちません。

　でもご安心ください。

　今までリスニングに時間を費やしてこなかったということは、予備知識がないぶん、**リスニングの対策をすればするほどスコアに直結しやすい**とも言えます。

聞こえる単語とそうでない単語の違いは?

リスニングの大前提として「**知らないものは聞こえない**」「**知っているものは聞こえる**」と言えます。

たとえば、wheelbarrow がよい例です。

「手押し車」という意味ですが、大学入試では出ませんし、日常的に使うものではありません (下図)。

しかしながら、TOEIC に出てくるため、「要注意単語」として "有名" です。

知らなければ、聞き取れず、問題は解けません。

大事なことなので、もう一度言います。

「知らない単語は聞こえない!!」

つまり、単語と音をセットにして覚える必要があります。

wheelbarrow のイメージ

「手押し車」
農作業や土木作業をしている
人が使っているのを目にした
ことがある方もいるのでは?

理想は、単語帳についている単語の音声を聞いてチェックすることです。

自分の頭の中の音と同じかどうかを確認してください。

知らない音が多いほど大変な作業ですが、リスニングは手ぶらでもできるという利点があるため、満員電車などの環境でも勉強できます。

正しい音と合わせて単語力をつけていけば、聞こえる音が増えて、答えられるリスニング問題も増えていくというわけです。

「頻出パターンの音声」がある！

TOEICのリスニングセクションでは同じようなパターンが繰り返し出題されることが多いです。

そのパターンをあらかじめ知っておけば、スコアアップにもつながりやすいと言えます。

たとえば、Part 4によく出るシチュエーションで、「飛行機が遅れる」という趣旨のものがあります。

これは「話の流れ」を知っていることで有利な状況を作り出すことができます。

皆さんも飛行機には乗ったことがあると思いますが、「ただいま、当機は○○空港を出発いたしました」といった飛行機の機内アナウンスは聞いたことがありますね。

飛行機が遅れているというアナウンスが始まったら、遅れている原因や到着予定時刻などが話されると予想できます。

1 勉強法

2 計画

3 教材

4 単語

5 品詞

6 リスニング

7 リーディング

8 準備と本番

9 満点

TOEICでは、「遅れている原因が何か」という部分が出題されるわけです。

このように、頻出パターンを押さえておけば、シチュエーションや使われるフレーズ、単語まであらかたわかった状態になります。

もう1つ見ておきましょう。
Part 3 の会話文の放送後、次のような設問があったとします。

---- **設問フレーズ例**
What is the man's / woman's job?
男性（女性）の仕事は何ですか。

人物の職業などを尋ねる設問は頻出なので、パターンとして知っていれば、「こういう設問だからこういう表現がヒントになりやすい」と素早く処理することができます。
設問を読む時間自体も圧倒的に短くすることができますね。

音をセットにして単語力を増やしていきながら、TOEICで頻出のパターンを知ることで、リスニングセクションで大幅なスコアアップを達成しましょう。

39

リスニングの「取りこぼし」は 1秒で切り替える!

900点台目標なら、リスニングは満点!

目指すスコアが900点あたりになると、リスニングセクションは満点を目指したほうがいいでしょう。

リーディングセクションより、リスニングのほうがスコアを取りやすいからです。

リスニング全100問で満点を取るためには間違いを2〜3問にとどめないといけません。

TOEICでは統計的な採点方式がとられています。リスニングでは特に全問正解していなくても満点が取れる仕組みになっています。

その日の体調や環境によって、集中できないときもあるでしょう。仮に取りこぼしても、他に影響を与えないことが大事です。

たとえば、Part 2で1問悩んで、そのことをずっと引きずってしまう、先読みにこだわりすぎて解答するテンポが乱れてしまう……など、さまざまなことが起こりえます(「先読み」については、大事なテクニックですので、163ページで詳しく説明します)。

ですが、**仮に迷ったり、わからなかったりしても、そこで気持ちを切り替える姿勢を持ちましょう。**

取りこぼしに多いのは「聞き逃し」と「難問」

　リスニングのリズムを狂わせる一番多い原因は「取りこぼし」です。さらに深掘りすると、「聞き逃し」と「難問」の2つがあります。

・聞き逃し

　「聞き逃し」は、集中力の問題です。

　リスニングセクションの中盤にさしかかるPart 3、4などで、疲れから、解答根拠を聞き逃すこともあるでしょう。

　聞き逃したらどうあがいても答えは出ないので、潔くあきらめることが肝心です。

　聞き取れなかった問題のことを考えすぎたあまり、直後の簡単な問題を聞き逃す……というのが一番怖いことです。

　何度もTOEICを受験しているボクでも、未だに集中力が切れることはあります。

　集中力がもたないことを前提にしていれば、いざ意識が途切れたとしても、スグに「よし、次！」と、という姿勢で取り組むことができます。

・難問

　「難問」とは、知らない単語が読み上げられたり、選択肢に出てきたりする問題です。

　Part 2では「変化球」の返答があります（パートごとにも難しさの内容が異なるので、後述します）。

　こればかりはテスト作成団体側が仕掛けてくることなので、

139

予測不可能ですが、今までの難問の例を挙げておきます。

難問の例：Part 1（写真に合った英文を選ぶ）

....

 (A) The door of the oven is being closed.

(B) Some plates have been stacked beside a toaster.

(C) A refrigerator is being positioned next to a sink.

(D) A cord is being unplugged from an outlet.

....

（日本語訳）

(A) オーブンの扉が閉められているところだ。

(B) 何枚かの皿がトースターのそばに積み重ねられている。

(C) 冷蔵庫が流しの隣に置かれているところだ。

(D) コードがコンセントから抜かれているところだ。

この例題は、

　・is / are being V p.p. 「〜されているところだ」

　・has / have been V p.p. 「〜された (後の状態だ)」

などの聞き取りにくい語句が用いられた問題です。

　前者の場合は、基本動作をしている人が写っていなければ
なりません。今回は人が写っていないため、(A)(C)(D) は間違
いで、(B) が正解です。

　難しく感じるのは初学者には馴染みのない語句が用いられる
ためです。

　また、何がどのような状態でどこにあるか、などを正確に把
握する必要があるため、難易度が高くなります。

・変化球

　Part 2 の「変化球」とは、下記の例題のように、返答があい
まいな内容だったり、遠回しだったり、「わからない」と返って
きたり、質問し返されるといった問題のことを指します。

変化球の例：Part 2 (最初の発言に対する適切な返答を選ぶ)

🔊 Who's going to replace Patrick when he retires?

(A) I heard the interviews just started last week.

(B) Randy just placed the order.

(C) I'm not sure about the date.

（日本語訳）

パトリックが退職したら誰が後任になるのですか。

(A) 面接が先週始まったと聞いています。

(B) ランディーがちょうど注文しました。

(C) 日付はわかりません。

「パトリックが退職したら誰が後任になるのですか」と質問されているのに対して、(A)の「面接が先週始まったと聞いています」と答えている選択肢が正解です。

「誰が後任か」と聞かれたら、「Aさんです」といった応答がありそうですね。

しかし、上のような変化球の問題では、「（詳しいことはわかりませんが、後任は決まっていませんが）後任を決める面接が始まった」といったように、**解答者が行間を読む必要があり、難易度が上がります**。

40 リスニングセクションを攻略するための唯一の方法

リスニングセクション勉強の具体的方法

先ほど、「900点台が目標なら、リスニングセクションでは満点を目指す」とお伝えしました。

1 勉強法

2 計画

3 教材

4 単語

5 品詞

6 リスニング

7 リーディング

8 準備と本番

9 満点

他にも、スコア別に言えることは、500点レベルの人と、600点レベルの人では、聞こえる単語 (語彙) の量に差があります。

たとえば、500点レベルの人はPart 1はある程度できても、Part 2で太刀打ちできなくなります。

目安として、スコアが600点に届いていない方は、単語自体に抜けがあると予想できますので、単語帳でしっかり勉強しましょう。

最も効果的!「リッスン・アンド・リピート法」

では、具体的にどのように勉強していけばいいのでしょうか。

あらゆる方々を指導して、ボク自身の経験からも、効果があると言えるのは、「**リッスン・アンド・リピート**」。

聞こえた音をひたすらマネします。ただこれだけ。

「音・スペル・意味」を一致させるのが目的です。

ですから、**発音を完ぺきに再現する必要はありません。どうやってもできないからです。**

発音記号をマスターしようとする人もいますが、あまり面白いものではないので挫折するのが関の山でしょう。

発音が100%でなくったって、たとえば、「L」「R」や「V」「B」の聞き分けは文脈から判断できることがほとんど。

スピーキングのテストではないので、神経質になる必要はありません。

　一方、「シャドーイング」や「オーバーラッピング」「聴き流し」「ディクテーション」が、リスニング対策として、巷で効果的と言われていますが、以下のような理由からボクはオススメしていないです。

・シャドーイング

　「シャドーイング」とは、英文を見ずに（英語の）音声の後をついていく勉強法です。

　少し遅れて後に続くので、聞きながら発声するという、非常に高い技術が必要で、先生と呼ばれる方々でもできているのか怪しいことがあります。

・オーバーラッピング

　「オーバーラッピング」とは、テキストを見ながら音声と同時に話す勉強法です。それほど難しくなく、言ってしまえば誰でも簡単にできます。

　きちんと意味を考えながら行えば、それなりの効果がありますが、ただ字を追って声に出すだけでは効果は得られません。

・聴き流し

　「聴き流し」は効果はありません。意味を知らない単語を何百回聞いたところで"ただの音"でしかありません。

・ディクテーション

　基礎ができていない方は、「ディクテーション」という書き取り訓練を行うのも一案です。

「ディクテーション」とは、音声を聞いて書き取る方法です。ただ、英文の短いPart 1と2のみが現実的ではないでしょうか。

何度も言いますが、ボクがオススメしたいのは、「リッスン・アンド・リピート」です。

この勉強法の最終目標地点は、英語を聞いて同じように発音できること、音と意味をつなげることです。

この方法がTOEICのスコアアップに一番適しているでしょう。

訛り・スピードの対策は不要

TOEICでは、アメリカ英語だけではなく、イギリス英語、オーストラリア英語、カナダ英語が出てきます。

これを聞いて、「アメリカ英語しか聞き取れない！」と焦って対策をする必要はないでしょう。

なぜならほとんどの人が、聞き分けられないからです。

ボクの知り合いの900点台の方でも、「聞いても違いがわからない」と言っていたくらいです。

知識として、scheduleは「シェジュール」、advertisementは「アドヴァーティスメント」と、イギリス人やオーストラリア人は発音するらしい、くらいは覚えておいたほうがよいでしょう。

音声の速さを気にする方もいますが、これも特に対策は必要ありません。

なぜなら、たいていの方が、**最初は「速い」と感じますが、**

<u>聞こえる表現が増えていけば慣れるからです。</u>

41

Part 1　写真描写問題の秘策
知ってるだけで、スコアアップ!

　ここからは、リスニングセクションの各パートごとに、押さえておきたい次の3点をお伝えします。

　①Part 1：出る表現を覚える／写っているものの分析
　②Part 2：解答パターンを頭に入れる／メリハリをつける
　③Part 3、4：話の内容を映像化する／設問を覚える／
　　　　　　　 スキャニング

Part 1　よく出る表現を覚える

　Part 1では同じ表現が何度も出ます。繰り返し出題される名詞や動詞を覚えるようにしましょう。
　腕試しとして、右ページの単語の意味がすぐにわかるか右側の日本語訳を手で隠してチェックしてみてください。

1 勉強法

2 計画

3 教材

4 単語

5 品詞

6 リスニング

7 リーディング

8 準備と本番

9 満点

```
---- 単語セルフチェック!
(動詞編)
examine ··························· □ 詳しく見る
display ····························· □ ～を展示する
reach ······························· □ 手を伸ばす
water ······························· □ 水をかける
work on ···························· □ ～の作業をする
(名詞編)
railing······························· □ 手すり
pier ································· □ 桟橋
drawer ···························· □ 引き出し
cabinet ···························· □ キャビネット
----
```

　これらは一例ですので、Part 1 の問題を解きながら、知らない名詞や動詞はどんどんとストックしていきましょう。

　後述しますが、**名詞や動詞を知るだけで、写真に写っていない「名称」や「動作」が聞こえてきたら間違いの選択肢だと即座に判断できるようになります**。

　消去法を使うためにも大切です。

Part 1 　「何が」写っているか

　Part 1では、写真に写った「人」や「モノ」について問われます。

　「人」が写っていた場合は、男性か女性か、「どこで、何を
しているか」をチェックしましょう。

　たとえば、オフィスで電話をしている、何人かがバス停で
待っている……などです。詳しく見ていきましょう。

何人写っているか?

- 1人だけ写っている
　…「何をしているか」の動作について問われる。選択肢に
　はis doing「〜しているところだ」の形で出てくる

- 2人写っている
　…それぞれの動作、もしくは2人の共通の動作が問われる。
　また性別が異なる場合、それぞれの動作を行っているのが、
　男性か女性かも見ておく
　→それぞれの動作が表される場合
　…One man / woman is doing ...と表現される
　→2人とも同じ性別で、どちらか一方の動作を表す場合
　…One of the men / women is doing ...となる
　→共通の2人の動作の場合
　…They're doing ...などで表される

- 集団…写っている人たちの動作の共通点に注目する
　　→集団の動作の場合
　…（Some）people are doing ...などで表される

1 勉強法

2 計画

3 教材

4 単語

5 品詞

6 リスニング

7 リーディング

8 準備と本番

9 満点

Part 1 「人」が写っている問題の実践

では、実際に「人」が写っている問題を見てみましょう。

何人写っているか、何をしているか、まずは、写真をよく見てください。

Part 1：「人」が写った例題

(A) The man is wiping the floor.

(B) The man is holding a bag.

(C) The man is pushing a cart.

(D) The man is kneeling down.

（日本語訳）

(A) 男性は床を拭いている。

(B) 男性はかばんを手に持っている。

(C) 男性はカートを押している。

(D) 男性はひざまずいている。

　TOEICではおなじみの、男性がカートを押している写真です。これをきちんと描写している(C)が正解です。

　まずは、人の動作に注目して聞きましょう。動作は、is / doingの現在進行形で表されます。

　前ページの例題のように、人がスーパーでカートを押している場面や、レジ係とお客さんとのやりとりの場合などは、Part 1では頻出です。ぜひ頭の中にイメージ化しておきましょう。

Part 1　写真で確認できないものは不正解!

　不正解を聞き分けるコツとして、写真に写っていないことや確認できない動作の選択肢が出たら間違いだということです。

　たとえば、次の例題のように、池や橋、木々など公園と思われる風景写真があったとします。

Part 1

(A) Some people are walking in a park.
(B) Some trees are being reflected in the body of water.
(C) Some boats are passing under the bridge.
(D) Some ships are being tied to a dock.

（日本語訳）

(A) 何人かの人々が公園で散歩している。

(B) いくつかの木が水域に映っている。

(C) 何隻かのボートが橋の下を通り過ぎている。

(D) いくつかの船が埠頭につながれているところだ。

boats「ボート」やvessels「船」は写っていません。

消去法的に導き出した場合は、(B)の「木々が水域に写っている」が正解です。

「人」は写っていないので、peopleと聞こえた時点で不正解候補です。

Part 1 「人が写っていない」パターンは難易度UP?

「モノ」が写っている場合、難易度が高い傾向があります。

部屋やオフィス風景の写真がよく出てきますが、**「モノ」が写っていると、選択肢の主語がバラバラになるため、難易度が上がりやすい**です。

たとえば部屋が写った写真の選択肢でThe curtain 〜と聞こえてくれば、カーテンを見てどうなっているかを確認しなが

ら選択肢を聞くことになります。

　全4つの選択肢ごとにそのチェックをしないといけないので難しいのです。

42

Part 2　応答問題の秘策

頻出パターンと解き方

会話のやりとりパターンは決まっている

　Part 2は応答問題なので、頻出の会話パターンをストックすることが必須です。

　たとえば、5W1Hで始まる疑問文や、依頼・提案など、1人目の発言の種類に注目することが挙げられます。それに対してどのような返答をしているのかをチェックしましょう。

　141ページでご紹介した変化球のような返答もありえますが、次の例題のように定番のものも多いです。

Part 2

 Which package should I send to the branch office?

(A) The one on the counter.

(B) I already had lunch.

(C) Jonathan received them.

1 勉強法

2 計画

3 教材

4 単語

5 品詞

6 リスニング

7 リーディング

8 準備と本番

9 満点

（日本語訳）

どのパッケージを支社に送るべきですか。

(A) カウンターの上のものです。

(B) すでに昼食を食べました。

(C) ジョナサンがそれらを受け取りました。

どのパッケージを送ればいいのか尋ねているのに対し、カウンターの上のもの [one = package] と答えている(A)が正解です。

実際の会話でもそうですが、返事が文になるとは限りません。さらに、(B)はlunchとbranchの似た音を使った引っ掛け、(C)はsendから連想されるreceiveを使った引っ掛けです。

このように、音や意味の連想を使った引っ掛け問題は頻出です。もう1問見てみましょう。

Part 2

  Could you carry the boxes ?

(A) No thanks.

(B) Sure, I'll do it right away.

(C) I found interesting books.

（日本語訳）

箱を運んでくれますか。

(A) いいえ結構です。

(B) もちろん、すぐやります。

(C) 面白い本を見つけました。

　箱を運んでほしいと依頼しているのに対し、「もちろん」と答えている(B)が正解です。

　依頼に対し、Sureで答えるパターンは頻出なので押さえておきたいところです。

　(A)は申し出を断るときの答え方、(C)はboxと音の似たbooksを使った引っ掛けです。

Part 2　意外に聞き分け「難」の問題

　受験者の聞き間違いを狙った問題をもう少し見ておきましょう。

Part 2

 When does the new bakery open?

　(A) On Hudson Street.
　(B) Next week.
　(C) I like bread.

....

（日本語訳）

新しいベーカリーはいつオープンしますか。

(A) ハドソン通りにです。

(B) 来週です。

(C) 私はパンが好きです。

テキストだけ見ると簡単なようですが、When と Where を聞き間違える人は多いです。

「いつオープンするのか」という質問に対し、「来週」という時間で答えている(B)が正解です。

(A)は場所で答えており、Whereと聞き間違えてしまった人が選んでしまいます。(C)はbakeryから連想されるbread「パン」を使った引っ掛けです。

設問番号が聞こえた瞬間に集中する

解答をする際に、集中力のメリハリをつけることを意識しましょう。

Part 2の25問の間ずっと集中するのは不可能です。

選択肢の読み上げ中に集中力が切れることすらあります。

そこで、**集中力が切れるのは当たり前**だと考えておくほうが良いでしょう。

25問中ずっと音声が流れ続けるわけではありません。

合間でたとえば、"設問番号が読まれたら"集中力をぐっと高める、答えをマークして次の問題が始まるまではリラックスする、などのクセをつけてください。

正解が聞こえてきたら力を抜いて聞いたり、設問と設問の間は一呼吸置いたりして、集中力の緩急をつけましょう。

例題のように、日常生活や、オフィスでのシチュエーションが多く、会話の一部分が切り取られています。

状況を想像しながら、「こんな場面で話が展開されているん

だろうな」と会話をストックしていってください。

Part 2　押さえておきたい「疑問文」の用法

　学生時代に誰しも勉強したはずですが、いざ試験で問われると難しく感じるのが、さまざまな**疑問文の用法**です。

　ここにTOEICで出てくる疑問文をリストアップしましたので、ザッとチェックしておくだけでもスコアが違ってくるでしょう。

●WHの疑問文

　最も基本的な疑問文の形と言えます。Part 2では、Who / When / Where / Whyをしっかり聞き取れれば、簡単に正解を導き出せることが多いです。

●Howから始まる疑問文

　「どのように」と方法などを問う意味の他、形容詞や副詞が後に続くと、さまざまな意味を持ちます。

　How many「いくつ（どのくらいの数）」/ How much「いくら（どのくらいの量）」/ How often「どのくらいの頻度で」/ How soon「あとどれくらいで」など

　TOEICでは、これら「WHの疑問文」の割合が比較的大きいです。しっかりと押さえておきましょう。他の出題形式もご紹介しましょう。

● Do / Doesやbe動詞、助動詞から始まる疑問文

WHの疑問文と異なり、DoやDoes、be動詞で始まる疑問文にはYesかNoで答えることができます。

裏を返せば、WH疑問文にYes / No で答えている選択肢は不正解と言えます。

● 選択疑問文

A or Bの形で、「AかBか?」を問われるもので、Yes / No では答えられません。

● Don't / Isn'tなどnotがついたものから始まる否定疑問文

日本人がニガテとする文法ですね。たとえば、

Don't you like her?　彼女を好きじゃないの。

Yes.（いいえ）好きです。

No.（はい）好きじゃないです。

このように、日本語と真逆になってしまいます。

そんなときは、<-n't>を頭の中で外すと意味が入ってきやすいです。前出の英文なら、Don't you like her?を、Do you like her?へ変換すれば、Yes / Noで混同しないでしょう。

Do you like her?　彼女のことが好きですか。

Yes.　はい。

No.　いいえ。

このやりとりと変わりませんね。

1 勉強法
2 計画
3 教材
4 単語
5 品詞
6 リスニング
7 リーディング
8 準備と本番
9 満点

●don't you / isn't it などで終わる付加疑問文

「〜ですよね」と確認する意味合いで用いられます。

否定疑問文と同じようにYes / Noが日本語とズレるため、「ですよね」といった意味の"オマケ"だと思い無視しましょう。たとえば、

You like it, don't you? →それ好きですよね。

●依頼文

「〜してくれますか」とお願いごとをする表現です。次のような表現がよく使われます。

Can you...?

I was wondering if you could...

●第一声がLet'sで始まる提案文

提案の形をとるのは、Why don't you / we...?やLet'sなどもそうです。

●May I ...?、Can I ...? で始まる許可を求める文

「〜してもいいですか」の許可を求める文です。

●平叙文

Part 2に出てくるのは疑問文ばかりではないので注意しておきたいところです。

----

1 勉強法

2 計画

3 教材

4 単語

5 品詞

6 リスニング

7 リーディング

8 準備と本番

9 満点

いかがでしょうか。手元の問題集で慣れていくようにしましょう。

43

Part 3、4　会話・説明文問題の秘策
長文リスニングを解く2つのコツ

場面設定を絵で思い浮かべる

Part 3、4には重要なテクニックがたくさんあります。例題の数をこなす前に、これからお話しする「映像化」「設問フレーズの暗記」「スキャニング」「設問選択肢先読み」のテクニックを押さえてください。

1つ目は、話の内容を映像化するというものです。

「映像化」とは、どのような状況で、どのような話が展開されたのかをイメージすると言い換えてもいいでしょう。

場面を頭の中で映像化しておくと、記憶に残りやすく、聞きやすくもなります。

設問の定番パターンを丸暗記！

2つ目は、定番の設問を覚えることです。**読むのではなく、「見る」だけでわかるレベルにしておきましょう。**

　設問には「目的」「依頼」「提案」「次の行動」など、定番のパターンがあります。そのパターンを覚えることによって、設問の意味を読み取る時間を短縮できます。

　設問を覚えていれば、瞬時に意味がわかり、選択肢を読む時間にあてることができます。

　また、何を聞かれるのかがわかれば、解答に関係する箇所を待ち構えることができます。

　教材に定番の設問がまとまっていることはありますし、『公式問題集』の設問を覚える方法でも十分です。

　ここでは、ボクの著書『990点連発講師が教える TOEIC® L&Rテスト 頻出英単語』でも公開した設問集を載せておきますので、ぜひ活用してくださいね。

----　**Part 3、4の頻出設問例文集**

◉Part 3

What is the main topic of the conversation?

会議の主題は何ですか。

（理由）

Why is the man / woman calling?

なぜ男性（女性）は電話をしていますか。

（場所）

What type of business is the man / woman calling?

どういった企業に男性（女性）は電話をしていますか。

（職業・役職）

What is the man's / woman's job?

男性（女性）の仕事は何ですか。

（次の行動）

What does the man / woman say he will do next?

男性（女性）は次に何をすると言っていますか。

（問題・概念）

What problem does the man / woman mention?

男性（女性）は何の問題について話していますか。

（提案）

What does the man / woman suggest doing?

男性（女性）は何を提案していますか。

（申し出）

What does the man / woman offer to do?

男性（女性）は何をすると申し出ていますか。

（依頼）

What does the man ask the woman to do?

男性は女性に何をするように頼んでいますか。

（意図問題）

Why does the woman say, "~"?

なぜ女性は～と言っていますか。

● Part 4

（目的）

What is the announcement about?

アナウンスは何についてですか。

（話し手・聞き手について）

Who is the speaker calling?

話し手は誰に電話していますか。

（場所）

Where is the announcement being made?

このアナウンスはどこでされていますか。

（依頼）

What does the speaker ask the listener to do?

話し手は聞き手に何をするよう頼んでいますか。

（次の行動）

What will the speaker do next?

話し手は次に何をしますか。

（その他）

What does the speaker say about...?

話し手は…について何と述べていますか。

　知っている設問が増えれば増えるほど、本番で集中力を別のところ（聞く、選択肢を読む）に回すことができます。

　定番の設問はどんどんと覚えていきましょう。

1 勉強法

2 計画

3 教材

4 単語

5 品詞

6 リスニング

7 リーディング

8 準備と本番

9 滴点

44

長文リスニングを解くために
欠かせない「スキャニング」

音声を聞き"ながら"ヒントを探す

「スキャニング」と聞くとなんだか難しそうに聞こえますが、
要は、設問に関係ある部分を探すテクニックです。
実は皆さんも日常的に使っている技術なんです。
ボクがよく挙げる例が、広告やテレビの例です。天気予報
にしても、広告（新聞広告や電車広告、雑誌の広告ページ……）に
しても、一字一句読み取ろうとしたり、ひと言も聞き漏らすま
いと耳をそばだてたりして情報を得ることはまれでしょう。
たとえば、天気予報やテレビの星占いなどを思い浮かべてく
ださい。東京にいたら北海道や九州の天気ではなく、自分が
今いるところの予報だけを聞き取ろうとしますよね。
星占いも、自分の星座が何位なのか、ラッキーアイテムは
何かにだけ集中して聞くと思います。
ほとんどの方が、自分に関係のある情報だけを見たり聞いた
りしているはずです。

TOEICでも「**すべてを聞き取る必要はない**」「**全文読み込ま
なくてもいい**」ということです。

TOEICのスキャニングのやり方

TOEICで行うスキャニングをまとめると、次の３つのステップです。

① 設問選択肢を先読み
② あらかじめどのようなことが問われるかを頭に入れる
③ 関係のある情報を待ち構える

最初は音声すべてを聞こうとしてしまうと思います。

また、４つの選択肢を読むのも慣れないうちは大変です。

ですが、この３つを繰り返していけば、スキャニングのスタイルに徐々に慣れていくはずです。

ときどき、「音声を聞いていたら、設問を忘れてしまう」という方がいます。

何度も言いますが、**設問のパターンは必ず事前に頭に入れておいてください**。

設問を"見ただけ"でわかる、何を問われているかを記憶しておく、レベルにしておけばそのような事態は防げます。また、選択肢を読む時間も確保でき、音声に集中できるでしょう。

ちなみに、このスキャニングの技術はリーディングセクションの Part 7 でも活用することができます。

まとまった英語の中から特定の情報を探すという点では共通していますね。

「先読み」実践

　ではここで、Part 3（会話問題）の「設問選択肢の先読み」を
実践してみましょう。

Part 3「会話問題」例題

Why has the shipment been delayed?

    (A) Jack forgot to order it.
    (B) It has been misplaced.
    (C) The delivery truck broke down.
    (D) The weather is not good.

◀ （音声）

M: Hi, Carrie. Could you do me a favor? Seems like we've
   run out of copy paper, but I need to print out some
   documents for today's meeting. Do you have time to drop
   by the supply room to check if there's more?

W: Unfortunately, I've already checked there's none left.
   Jack ordered more from our supplier, but the shipment is
   behind schedule. They told me that the delivery truck
   can't come because of the heavy snow.

M: Well, in that case, I should go to the nearby office supply
   store to get some.

（日本語訳）

なぜ配送が遅れていますか。

(A) ジャックが注文するのを忘れた。

(B) 置き場所を間違った。

(C) 配送トラックが故障した。

(D) 天気が良くない。

（音声　日本語訳）

男：キャリー、ちょっとお願いしたいことがあるんです。コピー用紙がなくなってしまったようなんですが、今日の会議で書類を印刷しなければならないんです。備品室に立ち寄って紙がもっとあるか見てくる時間がありますか。

女：残念ですが、すでに確認しました。まったく残っていません。ジャックが納入業者に注文しましたが、入荷が遅れているんです。配送トラックが大雪のせいで来られないと言われました。

男：それなら、近くのオフィス用品店に行って買ってきます。

　設問選択肢先読みである程度これらを把握してから、音声を聞き込みます（設問選択肢先読みのコツの理解を深めるため、音声の文章を掲載）。

　問題文の中盤で、shipment is behind scheduleと出てきます。このときに、「この後、配送遅れについて話すんだ」と反応できれば大成功です。

　~ truck can't come because of the heavy snow「大雪が原因でトラックが来られない」と言っているので、悪天候が原因とした(D)が正解です。

　もし設問選択肢先読みをしていなければ、どこを問われるか

わからないまま音声を聞くことになり、**正解に関わる部分を聞き逃してしまう**こともあるでしょう。

なお、選択肢の先読みが難しいという方は、まずは設問を押さえておけば十分です。

45
Part 3「会話問題」で よく出る「シチュエーション」

「返品」「返金」のシチュエーションはよく出る

Part 3では、クレームの場面が頻出です。

何が問題なのか、どのような問い合わせなのか、返品や返金の手順・方法……などをつかむようにしましょう。

例題を挙げますので、イメージをつかんでください。

Part 3：返品・返金の例題

According to the woman, what is the problem with the items she ordered?

(A) Their price
(B) Their color
(C) Their size
(D) Their design

（日本語訳）

女性によると彼女が注文した商品の問題は何ですか。

(A) 値段／ (B) 色／ (C) サイズ／ (D) デザイン

🔊 （音声）

W: Hi, I bought rugs from your Web site last week. But when I opened the box I noticed they're smaller than what I ordered. So I'd like to return them.

M: I'm really sorry to hear that. I'll e-mail you a return label immediately. Please print it out and stick it on the package the rugs were in. Of course, we'll pay the postage. Would you like us to send you the correct items or would you like a refund?

W: I'd like to replace them, please. When is the earliest I can receive them? My current rugs are really tattered, so I want them as soon as possible.

M: I'll send them out today, so they'll reach you within two business days.

（音声文訳）

女：もしもし、あなたのウェブサイトから先週じゅうたんを購入しました。しかし、箱を開けたら、それが注文したものより小さいことに気がつきました。だから返品したいんです。

男：申し訳ございません。すぐに返信用ラベルをEメールでお送りします。印刷してじゅうたんの入っていた箱に貼ってください。もちろん、送料はこちらがお支払いします。正しい商品を送りま

　　しょうか、それとも返金がよろしいでしょうか。

女：交換をお願いします。一番早く受け取れるのはいつですか。私
　　の現在のじゅうたんは非常にぼろぼろなので、すぐに欲しいんで
　　す。

男：今日発送いたしますので、2営業日以内に届くと思います。

　女性の最初の発言に注目します。they're smaller than
what I ordered「箱を開けたら、注文したものより小さい」と
あります。

　「小さかった」、つまり、size「サイズ」が問題だったとわか
るので、(C) が正解です。

　返品や返金の話はほぼ毎回登場します。

46
Part 4「説明文問題」の
頻出パターン

よく出るストーリーは?

　Part 4は、Part 3と似ていますが、会話形式ではありません。
1人の人物がトーク（説明）をするので、Part 3とはシチュ
エーションが異なってきます。Part 4では、以下のようなシ
チュエーションがよく出てきます。

・セレモニー

　会社の代表や貢献度の大きかった人物などの退職セレモニーで司会が話している場面などが頻出です。他にも、新人の歓迎会などもあります。

---- **セレモニー 例文**

The prize for the best employee was awarded to Ms. Hwang.

最優秀社員賞はファンさんに授与されました。

・留守電

　電話をしたら営業時間外で録音メッセージが流れる、予約していたものが入手できたという留守電が入っている、などのシーンも頻出です。メッセージの内容や、リクエストの方法などをしっかりと聞き取りましょう。

---- **留守電メッセージ例文**

Our hours of operation are from 9 A.M. to 5 P.M.

私たちの営業時間は午前9時から午後5時までです。

　他にも、ラジオ番組や空港でのアナウンスなどさまざまなシチュエーションが出てきます。問題をこなして、経験値を積んでいきましょう。

第 7 章

確実に
スコアが上がる
リーディング攻略法

KEYWORDS

▷ **Part 5-7**

（短文穴埋め問題、長文穴埋め問題、長文読解）

▷ スキミング

▷ 全体、詳細を問う問題

▷ 照らし合わせの問題

▷ **NOT問題**

47

「すべて読まない」
「すべて解かない」「迷わない」が鉄則!

全問解答は不可能!

この章では、Part 5から7の「リーディングセクション」を中心に解説していきます。

リーディングセクションは時間配分が命です。
大前提として、「全部解こうとしない」という意識が大事です。隅から隅まで英文に目を通し、すべての問題を解こうとすると、時間が足りません。
このスタイルだと、TOEIC講師たちですら時間が足りません。

ボクが指導していた方で950点を取得した人がいるのですが、その人は「最後の5問解けずに終了した」と言っていました。すべての問題を解けなくても大丈夫と考えて、時間のムダを徹底的に排除する姿勢が大切になります。

まずは、自分の解ける問題を拾っていくようにしましょう。Part 5であれば、5章でもお伝えしたように品詞問題がその代表例です。
すべての問題に真正面からぶつかるのではなく、飛ばし飛ばしでやるイメージを持てるといいですね。

「わからない問題」を判断するコツ

リーディングセクションにおいて、「わからない」「迷う」など、立ち止まって迷う時間が一番ムダです。

「解ける or 解けない」を判断する目を養うことが大事です。

◎ Part 5、6で「解かない」の判断基準
  ・1問30秒以上かかる場合
  ・語彙問題の場合
    →選択肢で判断（知らない単語ばかり）

◎ Part 7で「解かない」の判断基準
  ・1問1〜2分以上かかる場合
  ・難しい語句、言い換え、推測問題の場合
    →設問で判断（詳細は183ページ以降で）

これらの判断すらも迷うようであれば、適当にマークをして次に進むほうがベターです。

言い換えれば、そういった問題は「**捨てる**」ということです。

たまに「後で考える」と後回しにする方がいますが、後で考える時間はおそらく残りません。

後回しにしたがためにマークをしないのはもったいないですから、その場で塗るようにしてください。

48

長文問題攻略には
「スキャニング」「スキミング」が必須

「スキャニング」で大幅にスピードアップ!

　前章でもお伝えしましたが、「スキャニング」とは、何が問われているのかを意識しながら、必要な情報だけを読み取るスタイルです。

　Part 3、4の音声中から、解答に必要な箇所を聞き取る、Part 7では「**問題文の中から、大事なところだけをしっかり読み取る**」という違いです。

　特にPart 7では有効なテクニックです。

　Part 7は「全文を読まないと解けないのでは?」と思われるかもしれません。

　大学受験の学習だと、1つひとつ文を読んで訳すのが定番ですから、そのように考えるのも無理はありません。

　でも、これではスコアアップに時間がかかります……。

　TOEICは、英語ができる人たちでさえ、全部読んでいたら終わらない量です。

　ではどうするかというと、**正解につながる部分だけを効率良く拾っていく**、スキャニングで解くのです。

　とはいっても、「本当に全部読まなくていいのか?」と疑問が残るでしょう。

　試しにお手持ちの問題集を使って、Part 7の解答根拠がど

こにあるかをマーカーで線を引くなど、視覚的に示すとよくわかります。

解答根拠が文章中に散らばっているのではないでしょうか?

むしろ、**解答に関係のない箇所のほうが圧倒的に多いことがわかると思います**。

解答に関係する部分は全体の4割にも満たないでしょう。

全文を読もうとする意識は捨てて、問題に関係のあるところを拾っていきましょう。

「スキミング」ができれば、解ける問題が増える!

長文読解では、文書全体と詳細のそれぞれを問う設問が必ず出てきます。

文書全体を問う問題は、「スキミング」という方法で解くのがオススメです。

「スキミング」とは、全体を素早く読んで、概要を把握する読み方です。

設問ではたとえば、「何について書かれた記事か?」「この広告の目的は何か?」と聞かれます。

文書の大意を問われているので、文書をサッと読むだけで解けてしまうのです。

たいてい最初に出題されるので、時間がないときには、この全体を問う問題をスキミングで解いていくのが無難でしょう。

一方、詳細を問う問題では、設問を読んでから、前述の「スキャニング」で解答につながる該当箇所を探していきます。

49

「ココ」を押さえれば
長文がサクサク読める

リーディングで難しい文法は気にしない！

　長文と聞いただけで拒否反応を示す方も多いでしょう。実際にPart 7の問題文を見て、解く気が失せたという人もいるのではないでしょうか。

　ボクが大学受験の英語も教えている中で思うのは、修飾語挿入詞などで長くなった文章や、二重否定などのわかりづらい表現につまずいている学生が多いということです。
　そしてそのまま英語の長文にニガテ意識を持ってしまう……。
　でもTOEICではそういった複雑な文は少ないです。
　一文一文丁寧に訳して、文法を詳しく勉強するよりも、TOEICに出題される「日常生活のシーン」をどれだけストックし、問われる設問に対していかに速く処理できるかが大事です。

　たとえば、advertisement「広告」の文章がよく出てきますが、商品やイベント、サービスの案内が書かれており、購入方法やお得情報など載っていることがあります。
　より多くの問題を解いて、こういったシチュエーションを自分のものにしていってください。

50

得点源のPart 5から解くのが正解!

迷わずPart 5から解くべし

リーディングセクションは前半のリスニングセクションと異なり、解くペースや順番は自由です。

そこで、「どの順番で解いたらいいか」という質問を受けることがあります。

もちろん、自分の得点源を優先的に解くようにするのがオススメです。

すると、ほとんどの人がPart 5から、つまり、前から解くことになると思います。

<u>平均20秒で1問正解する（＝Part 5）のと、平均1分で1問正解する（＝Part 7）のとでは、費用対効果の面で、前者を選ぶほうが効率的です。</u>

Part 5の1問もPart 7の1問も同じ配点です。

ですから、解きやすいPart 5から解くようにしましょう。Part 5は確実な得点源です。

このパートを、集中力や体力のあるうちに終わらせておくほうがベターですよね。

Part 7から解き始めるのは非効率?

　Part 7から解いたほうがよいと言う人がいますが、ボクはあまり賛成できません。

　Part 7は分量が多いですから、下手をすると、Part 7を解くだけで試験時間が終わってしまう場合があります。

　問題の難易度によってはうまくいくかもしれませんが、どこに難しい問題が潜んでいるかは、回によって異なります。

　やはりPart 5で解ける問題を解いていくことを優先しましょう。

　つまるところ、**順番などは意識せずに、前からどんどんと解いていくほうが、解くか解かないかの判断をする時間を削減することができます**。ムダな時間は減らしましょう。

51
スコア別のリーディングの時間配分

　今までリーディングセクション全体について書いてきましたが、ここからはもう少し細かく、各パートについて対策すべきポイントを掘り下げていきます。

細かく「何分かかるか」を計ってみよう

まずは、各パートの「自分の時間の使い方」を知ることから始めましょう。パートごとでは次のような視点で見てみましょう。

○ Part 5……1問平均20秒以内（全30問で10分以内）に解けるか？

○ Part 6……1問平均30秒以内（全16問で8分以内）に解けるか？

○ Part 7……1問平均1分（全54問で54分）で解けるか？

　2時間の模試を解かなくても、細切れの時間を使って、お手元の問題集で制限時間内に問題が解けるかどうかを確認することもできます。

　たとえば、ボクが出版している問題集のほとんどには、「目標タイム」として1問何秒で解いたらよいかの目安を表記しています。

　次ページ図には、スコアごとの時間配分の目安を記載しました。

　時間の使い方を確認するためには、問題演習しか方法はありません。

リーディングセクションの時間配分の作戦を立てるためにも、現状の自分の時間の使い方を認識しましょう。

　なお、ハイスコアや満点を狙っている方のために、ボクの時間配分も載せておきます。

スコア別・リーディングセクションの時間配分

	Part5	Part6	Part7		
600点〜	12分	10分	53分		
730点〜	10分	8分	54分		
900点〜	8分	8分	54分		
満点89回 カリスマ講師 （韓国で販売されている過去問〈Test 2〉を使用）	4分34秒	6分2秒	40分55秒		
			シングル 29問	17分8秒	
			ダブル 10問（5問×2セット）	11分42秒	
			トリプル 15問（5問×3セット）	12分5秒	

　回ごとに難易度も異なるので、毎回このようなタイムになるわけではありませんが、時間を余らせるくらいが理想ではないでしょうか。

　また何度も申し上げますが、時間を計るときはマークシートに塗る時間を忘れないでください。

1 勉強法

2 計画

3 教材

4 単語

5 品詞

6 リスニング

7 リーディング

8 準備と本番

9 着点

52

リーディング攻略テクニック①

Part 5と6の穴埋め問題

Part 5　解答根拠を明確にする

　Part 5を得点源にするために押さえておきたい文法項目としては、品詞や「前置詞 vs 接続詞」、代名詞の格あたりが挙げられます。

　これらのルールを知ると同時に、問題を解く際に、解答根拠を明確にするクセをつけましょう。

　仮に品詞問題を解いているとします。

　名詞が入るとわかるならば、なぜそこに名詞が入るのかを説明できるか、ということです。

　また、「関係代名詞」が出てきたら、「関係代名詞とは何か」を自分の言葉で説明できることも大事です。

　解説と一言一句同じでなくてはならないことはありません。自分の言葉で説明できれば大丈夫です。

　なんとなく正解できる状態ではなく、解答プロセスを明らかにしましょう。

　正答率が上がるのはもちろん、解くスピードも上がり、本番での素早い判断力にもつながります。

Part 6 「空欄のある文の、前後の文」に注目！

Part 6は「読まなくても解ける」問題があるにはあります。よって空欄の前後だけを見てすべての問題を解きたくなりますが、それは危険です。

このやり方では解けない問題が多いからです。

きちんと文脈を考えなければ解けないんです。

ですから、空欄を含む文の前の文や、後の文もきちんと読む姿勢が大切です。

「**急がば回れ**」、の精神ですね。空欄を含む文だけ読んでいても答えが出ないのに、後の文を読むとパッと答えが出ることはよくあります。

53

リーディング攻略テクニック②
Part 7「長文読解問題」のシチュエーション

よく出る4つのシチュエーション

ここではPart 7で必ず出る「チャット」「広告」「記事」「メール」の4つのジャンルについて簡単に紹介します。

　　チャットはLINEのようなテキストメッセージの画面が問題文として出され、2人がやりとりをするテキストメッセージと、複数の人がやりとりするチャットがあり、それぞれ1題ずつ出てきます。

　　広告は求人広告やセールの案内などが多いです。

　　記事は少し専門性が高くなり、会社の合併や地域開発などが出ます。

　　メールのシチュエーションは、クレームや仕事のオファーなど、多岐にわたります。

　　誰が誰に向け、何のために書かれているのかを考えながら読むことを意識すれば、目標のスコアへ直結するでしょう。

54

リーディング攻略テクニック③
Part 7の設問パターンを押さえておこう

設問には主に8つのパターンがある

　　Part 7ではあらゆるタイプの文書が出てきます。

　　設問のフレーズはもちろん、どういったことが問われるのかを頭に入れておきましょう。

　　あらかじめ知っておくことで、その場で意味を読み取る時間を減らすことができます。『公式問題集』の1冊ぶんでも設問

を一通り覚えていくだけで、ずいぶん変わります。

　頻出の設問がまとまっている問題集などを活用してもいいでしょう。

① 全体を問う問題

　全体を問う問題は、前述もしましたが、「スキミング」を使って解いていく問題です（174ページ）。**「目的を問うもの」「読み手を問うもの」の２パターンあります**。

　問題文についてザックリとしたことを聞かれます。
　比較的難易度は下がるので押さえておきたいところです。

全体を問う際のフレーズ例
●目的
What is ... mainly about ?
…は主に何について書かれていますか。

●読み手
Who is ... intended for?
…は誰に向けられていますか。

---

② 詳細を問う問題

　詳細を問う設問はさまざまなものがあります。
　細かい日時や場所、これから行うこと、添付されているものについて……などさまざまです。

1 勉強法

2 計画

3 教材

4 単語

5 品詞

6 リスニング

7 リーディング

8 準備と本番

9 満点

細かい情報はスキャニングで素早く解きましょう。

いくつか設問例を挙げておきますので、ぜひ参考にしてくださいね。

---- 詳細を問う際のフレーズ例

◉これからのこと

What will ... do tomorrow?

明日…は何をしますか。

◉添付されているもの

What is included as an attachment?

添付されているものは何ですか。

ちなみに、全体問題を「森」、詳細問題を「木」に例えて教える講師が多いです。森全体を眺めるにはスキミングを、さらに詳しく木を見るにはスキャニングが必要だと伝えると納得しやすいようですね。

③ 2つ以上の情報を照らし合わせる

Part 7では、1つの問題の中に2つ以上の文書 (マルチプルパッセージ) が出てきて答えを導く形式のものが出題されます。

難易度はかなり高いです。公式問題集でも詳しく解説が書かれているわけではありません。

初見で「この文章と、この文章のここを照らし合わせれば答えがわかる」という解答プロセスをたどることは難しいです。

照らし合わせの問題　シチュエーション例

文書1	
メール	
From:	chokoritsueigo@subaru.xx.xx.jp
To:	manten89@subaru.xxxx.xxx.jp
Subject:	イベント参加予定
Date:	○年○月○日
私は午後1時のイベントに行く予定です。	
モリタ	

文書2	
イベント告知	
午後1時	コンピューターセミナー
午後2時	新人研修
午後3時	スキルアップセミナー
午後4時	マネーセミナー

設問 モリタさんはどのイベントに出席する予定ですか？

(A) コンピューターセミナー ◀ **正解**
(B) 新人研修
(C) 全体会議
(D) マネーセミナー

　たとえば、上図に示したように、設問で、「モリタさんがどのイベントに出席するのか」と問われていますが、左側の文書を読んだだけでは、「何のイベント」かまではわかりません。

　そこで、文書2に目を通すと、午後1時のイベントはコンピューターセミナーだとわかります。

　よって、モリタさんが出席するのは、コンピューターセミナーで、選択肢の(A)が正解となるのです。

　このように、「複数の文章を照らし合わせて、解答を導く」という感覚は、実際に問題を解かないとわからないことが多いです。

　また、複数の文章を確認しなければいけないので必然的に時間もかかりますし、難易度も上がります。

1 勉強法

2 計画

3 教材

4 単語

5 品詞

6 リスニング

7 リーディング

8 準備と本番

9 満点

④ 語句の言い換え

本文と選択肢は同じことを表す際に別の表現が使われていることがあります。

それに気づくことができず、「文書の内容は把握できたのに、何を聞かれているかわからない」「選択肢の〇〇の単語が何を表しているのかわからない」という事態に陥る方が多いです。

問題を解いていくことで、「これがこうやって言い換えられる」という正解のパターンをストックしていくことができます。

たとえば、問題文で「〇月〇日までに製品を注文すれば無料で [for free] 景品が受け取れる」という一文があったとします。

「なぜその日までに注文したほうがよいか」と設問で聞かれたら、選択肢で「無料で [at no cost] 品を受け取れる」と言い換えられることがあります。

内容も見て合っていることが大前提ですが、「言い換えられている」と気づくだけで、正解の候補を絞ることができます。

よく使われる言い換え表現をご紹介しましょう。

---- 言い換え例

～に合う、満たす	meet ≒ fulfill
～を雇う	employ ≒ hire ≒ recruit
～を扱う	manage ≒ handle
～を宣伝する	advertise ≒ promote
異なる	differ ≒ vary

ほとんど ----	nearly ≒ almost

　このパターンをすぐに見抜けるようになるべく、意識的に言い換えに目を向けていきましょう。

⑤ NOT問題

　設問に大文字の「NOT」が出てくるものは「NOT問題」と呼ばれます。

　設問の答えに当てはまらない選択肢が正解となります。つまり、**「文書中に出てこないもの」が正解**です。

　矛盾点を見つけられれば即答できますが、見つけられない場合は、本文中にある答えのヒントを3つ見つけてください。

　問題文に「,」で並列されていることもあり、そういう場合はわかりやすいです。

　解答の根拠が文書中や複数文書に散りばめられていることもあるため、解くのに時間がかかります。自分のスコアに応じて、「NOT問題が出たら、手を出さない」というのも1つの手でしょう。

⑥ 推測問題

　suggested、impliedなどの「推測される」の意味がある単語が入った設問は、選択肢が文書の内容と一致しているかを問われています。

　mentioned「〜を述べられている」が入った設問の場合は、文書の中に直接記載があります。

一方、その他の設問フレーズでは、文書の情報から受験者が推測しなければならず、必然的に難易度が上がるのです。

それらの単語が出たら飛ばしてしまう、少しでも迷ったらあきらめて、他の問題を1つでも多く解くのも戦略と言えます。

---- **推測を問われる設問フレーズ**
What is mentioned / stated about...?
…について何が述べられていますか。

What is suggested / implied / indicated about...?
…に関して何が示されていますか。
----

⑦ 文章挿入位置問題

In which of 〜で始まる設問の後に、示された一文が文書のどこに入るかを選ぶ問題です。

---- **文章挿入位置問題の設問**
設問は下記が定番フレーズです。
In which of the positions marked [1], [2], [3], and [4] does the following sentence best belong?

[1]、[2]、[3]、[4]と記載された箇所のうち、次の文が入るのに最もふさわしいのはどれですか。

　選択肢の一文に、代名詞や指示詞が入っている場合は、空欄の前に注目します。

　また、次に挙げたような接続副詞がある場合は、前文との関係が大事なのでその関係性を見ながら解答していきましょう。

```
---- 接続副詞の例
however          しかしながら
therefore        したがって
for example      たとえば
in addition      さらに
furthermore      その上に、さらに
besides          その上、それに何と言っても
meanwhile        一方で、同時に
otherwise        そうでなければ、さもないと
nevertheless     それにもかかわらず、しかしながら
----
```

⑧ 書き手の意図把握問題

　テキストメッセージとチャットでは、「書き手」が意図しているものが何かを問う問題が出ます。

　設問フレーズは以下のものを覚えておきましょう。

```
----
At 7 P.M., what does ... mean when he/she writes
" ～ "?
午後7時に彼（彼女）が書いている～はどういう意味ですか。
```

At 7 P.M., why does ... write " ～ "?
午後7時に…はなぜ～と書いていますか。

第 8 章

ギリギリまで効率化！試験直前と本番の過ごし方

KEYWORDS

▷ ギリギリまであがけ！

▷ 優先順位

▷ ピーク

▷ タイムスケジュール

▷ 持ち物

55

試験直前までの「単語学習」が グンとスコアアップにつながる

最後の最後まで粘る！

本章では、試験直前の学習と、本番当日の準備や心構えについてお伝えします。

ボクの座右は、「**ギリギリまであがけ!**」です。

他の講師の方や、学校の先生などは、「当日は精神統一のために何も教材は見ないほうがいい」「本番まで勉強していたらわからない単語があったときに慌ててしまう」と教える場合もあるようなので、本番前の行動として何が最適かは、一概には言えません。

でもボクは、本番当日まで、いや、試験開始直前まで、勉強したほうがいいと考えています。

何よりも、単語勉強を優先

今まで「単語」の重要性は何度もお伝えしてきましたが、試験の直前の勉強でも「単語」の勉強をオススメします。

単語は直前に覚えたものが本番で出る可能性があるからです。

皆さんの使える時間や、スコアにもよりますが、優先順位を決めるなら、右ページ図に挙げた順番です。

1 勉強法

2 計画

3 教材

4 単語

5 品詞

6 リスニング

7 リーディング

8 準備と本番

9 満点

本番までに行う勉強

優先順位を決めて、ギリギリまで粘ろう！

優先順位	勉強項目	試験1〜2週間前	試験前日	試験当日起床後や移動中など	試験開始30分前まで
高い ↑	① 単語勉強	━━━━━━━━━━━━━━━━━━━━━━━━━━━→			
	② 出題形式確認	━━━━━━━━━━━━━━━━━━━━→			
	③ 設問暗記	━━━━━━━━━━━━━━━━━━━━→			
	④ 品詞（語形）	━━━━━━━━━━━━→			
	⑤ Part 2	━━━━━→			
低い	⑥ 模試	━━━━━→			

① 単語

　単語の勉強の仕方としては、今まで使ってきた単語帳で勉強するスタイルが望ましいでしょう。ボクのお伝えしたグルグル勉強法に従って勉強していれば、覚えていないものに集中的に取り組むことができるからです（詳細は4章）。

　「覚えていない」単語は少なくなっているでしょうから、単語勉強にそれほどの時間も要しません。

　単語勉強をしてもなお、「まだ時間がありそうだ」という方は、「模試を解く」など、問題演習を行うことを考えるかもしれませんが、問題を解こうとすると、あれもこれもと欲張りがちになります。

　キツキツのスケジュールになってしまい、勉強を継続することが難しくなるのです。

　ですので、先に挙げた優先順位順に沿って着手していきましょう。その内容をご紹介します。

② 出題形式の確認

　出題形式とは、「どのパートにどんな問題が出るのか」「各パートの問題数」「リーディングセクションの時間配分」などのことです。

　特に、初受験の方は、「リスニングセクションで、どの部分が音声なのか」「設問の先読みをするタイミングはどこか」など頭の中でシミュレーションまでできると理想ですね。

③ 設問暗記

　本書を通じて何度もお伝えしておりますが、Part 3、4、7の設問フレーズを暗記してください。公式問題集を眺めるだけでも違います。また、160 〜 162ページと184 〜 191ページにも頻出フレーズをまとめていますので、最後の見直しに活用してください。

④ 品詞 ※(詳しくは5章を参照)

　品詞の対策もできれば手をつけておきたいところ。具体的には、次の点を手元の問題集を使って復習しておきましょう。

- 出てきた単語が「何の品詞か」を意識
- 名詞・動詞・形容詞・副詞の入る位置を確認

　次の⑤〜⑥は「さらに時間があったら」という場合です。①

1 勉強法

2 計画

3 教材

4 単語

5 品詞

6 リスニング

7 リーディング

8 準備と本番

9 満点

〜④をご自身で納得のいくまで対策できたら手をつけてもよい
でしょう。

⑤ Part 2の応答問題

　昨今、応答問題のPart 2はどんどん難しくなってきています。
しかし、突破口があります。同じパターンが何度も出ているた
め、知っているだけで有利です。

　Part 2の問題が載っている問題集はたくさん出ていますので、
見直すだけでも違ってきます。

⑥ 模試

　基本的に、平日働いている方や授業のある学生さんに、試
験直前に模試を行うのはオススメしません。「2時間模試をやっ
て、復習に少なくとも1時間」というのは現実的ではないでしょう。

　模試のようにランダムに問題を解くよりも、単語暗記など、
①〜⑤を順番に行っていくほうがスコアアップには近道です。

56 試験当日にピークをもっていくために

週末にピークがくるように調整していく

　ボクが過去にお仕事でご一緒したことのある「あ〜る」さん

という、満点を30回以上取った方が、「公式問題集を、本番同様の日曜日の13〜15時に一度解いてみるといい」とおっしゃっていました。

　日曜日のお昼にピークを持ってくることは、やってみると意外と難しいです。一度トライすると、前日の過ごし方も考えるようになるでしょう。

要注意！ リスニングの効果は人によりけり

　本番前に「TOEICの音声を聞いておいたほうがいいの？」という質問を受けます。

　英語に耳を慣らすことが目的だと言われますが、気分的なものではないでしょうか。あまりオススメしません。

　というのも、リスニングに集中して疲れてしまう可能性があるからです。2時間集中するのは満点を取り続けているボクでも過酷だと感じるわけですから、試験が始まる前に力を使うのはもったいないですね。

　リスニング力に自信があってストレスなく自然に聞けるというレベルなのであれば、試験会場までの移動中や試験直前に聞いてもいいと思います。

本番では何が起こるかわからない！

　試験当日は、201ページ図に掲載したように、お昼頃受付が始まり、その後2時間のテストとなります。

　私の場合は慣れていることもあり、ブランチを11時にとって

1 勉強法
2 計画
3 教材
4 単語
5 品詞
6 リスニング
7 リーディング
8 準備と本番
9 満点

いますが、皆さんは**余裕をもって臨めるようにするといいですね**。

以前、会場のクーラーが効きすぎてボクはノドをいためてしまったことがあります。夏場なので予想できたことです。時間に余裕をもっていけば上着を1枚持っていくなど考えたかもしれません。

また、地方で受験したときにスピーカーの調子が悪かったのか少し聞きづらかったことも。

会場によっては人の多さも違うので、静かすぎるのがニガテ、大勢いる場は集中できないなどあるかもしれませんね。

このように何が起こるかわかりません。初めて受験する方は特に時間に余裕を見て参加するようにしましょう。

満点講師が伝えたい！ プチトラブルを防ぐコツ

ここからはボクの体験談 (失敗談 !?) や知人の話をもとに、皆さんが滞りなく試験に臨めるよう、準備のコツなどをお伝えしていきます。

小さなことですが、これらを怠ると思いがけないトラブルを招くことも……。

荷物の準備は前日に済ませておく

201ページに載せた「持ち物リスト」を見ながら、必ず試験の前日には準備を終わらせておきましょう。

当日に鉛筆を買うなんてもってのほかです！（……というボクは毎回受験会場の近くで調達していますが、マネしないでくださいね）

当日は余計なことを考えず、ギリギリまで勉強できるよう環境

を自分で整えておきましょう。

　実を言うと、受験票や鉛筆は、最悪、忘れても大丈夫です。鉛筆は貸してもらえますし、受験票も身分証があれば受験できます。でも、こういったルールは変わることもあるので準備をしておくに越したことはありません。

　なお、受験票が届いていない人は、試験日の2日前まで（金曜日）に主催者のIIBCへ電話で問い合わせてください。受験番号と、受験地さえわかれば受験できます。

早起きできる人は早めの朝食を

　早起きが得意なら早朝に起きたほうがよいでしょう。早めに朝食を済ませれば、11時に昼食をとり、試験時間にもちょうど合わせることができます。

　でも、無理して起きる必要はありません。

　ボクはたいてい、9時ごろ起きて（これでも早いほう）、10時や11時にブランチという形で試験に臨んでいます。

早すぎても、遅すぎてもいけない

　道に迷ったり、公共交通機関の遅れなどを考えると、早めに行くメリットは言わずもがなでしょう。

　たとえ受付時間を過ぎても、音声テストが終わった後に入室できますので、あきらめずに会場を目指しましょう。

　では、「早すぎた」場合のデメリットは何でしょうか。

　何時間も前に着いてしまうと、会場が中学校や高校の場合、開いていないこともあります。

1 勉強法

2 計画

3 教材

4 単語

5 品詞

6 リスニング

7 リーディング

8 準備と本番

9 満点

本番当日までに知っておこう!

当日の流れ	
11:45 ～ 12:30	受付
12:35 ～ 13:00	試験の説明・音テスト
13:00 ～ 15:00	試験開始～試験終了
15:00頃	問題用紙・解答用紙の回収

	持ち物リスト
☐	受験票（試験日の約2週間前に届く）
☐	証明写真1枚（裏面に自分の名前と受験番号を書いて、受験票に貼り付けておく）
☐	免許証（パスポート、学生証、写真付きの本人確認書類）
☐	筆記用具（鉛筆、シャープペンシル、消しゴムなど）
☐	腕時計（腕時計以外のものは使用不可）

試験には万全の体調で臨んで、実力を発揮しよう！

　都心ならカフェなど待つ場所もあるかもしれませんが、混んでいて入れない可能性もありますよね。

　そうなると、外で待つことになりますが、土砂降りだったり、寒い（暑い）日だったりすると、体調を崩してしまうこともあるでしょう。試験どころではなくなります。

当日のタイムスケジュールをチェック

　試験当日の時間割を上図に載せました。

　意外と知られていない注意点を、タイムスケジュールをもとにお伝えしましょう。

● 12時35分から参考書は見ることができません。携帯（スマホ）も使えなくなります。

◉ トイレは、実は、12時30分を過ぎても行けますので、ガマンせずに、試験官にそのことを伝えましょう。

◉ 音声チェックの後、席の交換を申し出ることができます。聞こえが悪かったり、机が狭すぎる、ガタガタする、暑い・寒いなど、遠慮なく申し出るようにしましょう。

◉ 13時の試験開始時、問題冊子を綴じているテープがうまくはがせないで遅れる人もいます。はがしたり、破いたりする必要はありません。試験冊子の間に指を入れて、開くだけでOKです。

　いかがでしょうか。せっかく一生懸命勉強してきたのですから、本章でご紹介したことを実践して、実力を存分に発揮してくださいね。

第 9 章

TOEICで
満点を連発できる
5つのヒミツ

KEYWORDS

▷ 人に教える

▷ 超難関資格

▷ 海外ドラマ

▷ 英字雑誌

「難易度が上がっている」ことを知る

　この章では、ボクが満点を取得し続けている理由を分析してみたいと思います。

　ご紹介する方法に取り組むのは、TOEICである程度のスコアを取ってからが望ましいでしょう。

TOEICは難しい！

　TOEICの作成者団体は、TOEICの主な受験層である日本人のことをよく知っています。

　日本人がニガテだったり、間違えたりするものを出題してきます。

　過去に、TOEIC側が「これは正答率が低い」と思ったものを何度も出題してきました。

　そのようなことも踏まえ、**受験し続けているボクからすると、TOEICは間違いなく難しくなっています**（TOEICの作成者側は難しくなっていないと言っていますが）。

　要因はさまざまで、場面（設定）が多種多様になったり、Part 7で扱われる文章が長くなっているということも挙げられます。

　また、対策本で扱われていない文法や語句が出てきます。

　こういった教材は「今までに出題されたこと」を扱っているの

1 勉強法

2 計画

3 教材

4 単語

5 品詞

6 リスニング

7 リーディング

8 準備と本番

9 満点

で、それを超えたものを勉強することができません。

TOEICの作成者側は日本の対策本を研究していると思われます。

だからこそ、TOEICで本当に満点を取りたいなら、ある段階でTOEICを超えた勉強を始めることがポイントなのです。

今、SNSなどを見ると「TOEIC満点」の人が多くいるように感じますが、実際のところは満点を取れない人のほうが圧倒的に大多数であるという現実は変わっていません。

TOEICは「楽勝じゃない」ことを肝に銘じてください。

「そのうち満点は取れる」だなんてのんきなことを言っていては永遠に達成できないでしょう。

ヒミツ 2

「どう解けば効率がいいか」を徹底的に研究

韓国まで受験しに行くことも

以前、ボクがTOEICの勉強をする上で気をつけていたことは、相手を知ることでした。相手とはもちろんTOEICテストのことです。

やみくもに問題演習をするようなことはせず、効率を求めるという意味でも、問題の頻出パターンや出題傾向を研究しまし

た。

　指導をする上でも、試験の研究を欠かしていません。

　韓国に行って受験をすることもあります。韓国では年に24回開催されるので、そのぶん研究する機会をつかめます。

　どのような問題が出題されて、どのように解けば効率が良いのか。いつ誰に聞かれてもいいようにしています。

　今は、参考書や問題集などの対策本は目を通す程度で、読み込むようなことはしません。

　ただ、『公式問題集』や韓国で発売された過去問などは、すぐに入手して、傾向を分析するようにしています（※前述したように、日本で販売されている『公式問題集』は過去問ではありません。なので、過去問に取り組むためには、韓国で出版されたものを取り寄せる必要があります）。

　この分析の繰り返しによって、TOEICの頻出パターンが頭に入り、本番でも結果が出せているのではないでしょうか。

　ボクのように分析するのは現実的ではないかもしれませんが、相手の研究を怠らないようにする姿勢は大切です。

勝手にレベルアップ!「人に教える」勉強法

1 勉強法
2 計画
3 教材
4 単語
5 品詞
6 リスニング
7 リーディング
8 準備と本番
9 満点

教えることは勉強すること

過去に何万人にもTOEICを教えていることが、ボク自身を成長させていると考えています。

人に教えるためには、自分の中でその内容を消化し、整理できていないといけないからです。非常に勉強になります。

なかなか「人に教える」という行為をとり入れるのは難しいですから、**勉強をする際に「人に教えるつもり」で解説をする**のはいかがでしょうか。

問題演習をしたら、その解説を口頭で説明するということです。気恥ずかしいところはありますが、効果は絶大。

また現在、TOEICの指導に加えて、TOEFLや大学受験の指導をしています。

TOEFLや大学受験などは、TOEICに比べて難しいため、それらを指導するだけの知識をつけることも満点を連発できる要因だと考えています。

日々、触れているもののレベルが高いぶん、TOEICで余裕が出てくるという感じでしょうか。

他の試験の勉強が、TOEICに活かせる

超難関資格が「満点のカベ」の突破口に

ボクは資格試験マニアとして、さまざまな英語の試験を受験しています。

英検やTOEFL、IELTSなどのメジャーなものはもちろん、国連英検やケンブリッジ英検、英単語検定、TEAP、GTEC、英検CBTなど、いろいろと受験をしてきました。

もちろん、受験をする前には勉強をするので、その勉強がTOEICに役立つことがあります。

単語勉強にしても、英検とTOEICで出てくる単語がまったく異なるわけではなく、資格試験の勉強を始めた当初よりも単語力がついているわけです。

必然的に、TOEIC以外の試験の受験がよい影響を与えています。

TOEICで600点を目指す人が、同時並行で他の資格試験を始めるのは大変ですが、1つの手として、950点を超えたあたりから、他の資格試験にチャレンジするのはアリです。ぜひトライしてみましょう。

1 勉強法

2 計画

3 教材

4 単語

5 品詞

6 リスニング

7 リーディング

8 準備と本番

9 満点

海外ドラマなどを勉強の素材にする

TOEIC以外に触れたい英語コンテンツ

TOEICを受験し続けて「こんな表現が出るんだ」と毎回驚かされます。

だからこそ、この章では「TOEICを超えた勉強をしよう」とお伝えしてきました。

突拍子もないものが試験に出てきても、「新聞の中に出てきた」「ニュースで言っていた」「ドラマで出てきた」ということがあるようです。

新聞やニュースは情報収集のために、ドラマや映画は娯楽のために、と考えるかもしれませんが、TOEICと同じ英語ですから、自分が気になったことはチェックしておきましょう。

---- **モリテツオススメ! 海外ドラマ**
TOEIC満点を目標とする方には、英語圏（特にアメリカ）のオフィスが映るドラマがオススメ。
表現だけでなく、アメリカの文化や仕事、オフィスにあるものをイメージと音声のセットでつかむことができるからです。

Silicon Valley…アメリカで起業した会社がどういうビジ

> ネスでのし上がるかが描かれる。現代のオフィス風
> 景を見ることができる。
> Ugly Betty …テレビシリーズ。ロマンティックコメディ。
> SUITS…アメリカの法律事務所を舞台に、ビジネスパー
> 　ソンの心理戦を楽しむ。法廷シーンがあるなど、内
> 　容は難しめ。
>
> ----

　ボクは以前、時間があればよく映画を観に行っていました。勉強という意識はそれほどありませんでしたが、TOEICを超えたレベルの素材にたくさん触れた経験は今も活きていると考えています。

　このように、新聞やニュース、ドラマ、映画を勉強の素材にするのはオススメです。

　とはいえ、流し聞きや流し読みでは時間のムダになりますから、自分の知らない知識を吸収していくつもりで臨みましょう。

英字雑誌での勉強はほどほどに!?

　ちなみに、英字雑誌はTOEIC対策として不向きなので要注意です。レベルが高すぎるからです。

　雑誌の位置付けを考えるとわかりやすいのですが、雑誌はあくまで「暇つぶしの読み物」です。

　一定の知識（語句や背景知識など）を前提にして文章が作られているので、日本人には難しいと言えるでしょう。

　しかし、満点を目指すレベルでは挑戦するのもアリです。

　93回ものTOEIC満点を取得した「イングリッシュ・モンスター菊池」こと、菊池健彦先生はこの方法で勉強していました。
　実際にお話を聞いてきたので、本書の最後にご紹介しましょう。

菊池
先生

とにかく調べる勉強法

　僕はTOEIC対策をする上で、テクニックや効率といったことを考えたことがありません。
　でも唯一、勉強と言えることは、英字新聞、英語雑誌『TIME』を毎号、最初から最後まで全ページ読んできたことでしょうか。
　知らない表現があればすべて辞書で引く。
　全文ひたすら読む。
　……というのを実践し続けてきました。
　こうして読解力が身につき、「TOEIC満点を93回」につながったのだと思います。

　そんな私がオススメするTOEICの勉強法は、公式問題集でもTOEICの模試でもわからないものがあったら辞書を引き、知らないことをなくすというものです。

　リスニングでも同じです。
　聞こえなかったものは意味を理解し、聞こえるようになるまで聞く。口に出して繰り返す。ただそれだけ。

　TOEICの勉強をしなくても英語がきちんと読めて、きちんと
聞こえれば全問正解できる。
　それがTOEICです。

　いかがでしたか。
　本書では、ボクの方法論をメインに、さまざまな方の勉強
法も紹介してきました。
　一見違うように見えても、実は本質は同じなのです。

わからないところを徹底的にあぶり出す。
「わからない」がなくなるまで、繰り返し練習する。

　地道なようですが、これが最も効果があり、合理的な「超
効率！英語勉強法」なのです。
　皆さんも今すぐ実践していきましょう。

おわりに

「価値ある授業」とは何か? を問い続けた

　思い返せば、TOEICとは長い付き合いです。

　TOEICの講師になるにあたって満点取得を目指し、講師になってからも数年が経ちます。

　自分が勉強するぶんには自分が努力すればいいだけですが、講師として対峙する相手の方々は違います。

　彼、彼女らの中には、昇進や単位取得のためだけにきている方もいますし、すぐに授業に出なくなる方もいました。

　そういった方たちが「どうしたらTOEICの勉強に取り組むか」を徹底的に考え抜いたことがあります。

　本書の中でもお伝えしましたが、カギとなるのは、「できるようになる」こと。

　人は成長を実感して喜びを感じます。

　単語の覚え方1つを例にとっても、単に「根性で覚えてこい」ではなく、グルグル勉強法を使って効率的に覚えてもらうようにしました。

　問題演習もむやみやたらにやるのではなく、分析してわかった頻出パターンを定着する工夫から始めました。

　さまざまなスコアの方々を幅広く教えてきたからこそ言える勉強法を本書でご紹介できたと思っています。

TOEICでハイスコアを取得して、なりたい自分に

TOEICは善くも悪くも、勉強の結果がスコアとして数字に出ます。

ボクとしては、TOEICは「勉強という努力を反映しやすい」試験だと考えています。

努力が点数として可視化されるので成長を実感しやすい試験であるとも言えます。

ムダを避けて勉強すれば、必ず成果は出ます。

しかも、TOEIC L&Rがリスニングとリーディングで構成されているのもいいところです。リスニングとリーディングは一人で勉強ができる分野だからです。一方、TOEIC S&Wテストなどの、スピーキングやライティングは講師などからフィードバックがないと、なかなか勉強できません。

その点、TOEICを独学で勉強し、知識を積み重ねていくことができると言えるでしょう。

そして、何よりTOEICは世間によく知られている試験です。

TOEICでハイスコアを取得できれば、周りの見る目が変わります。就職活動や転職で有利に働くでしょう。昇給や昇格も実現するでしょう。

なりたい自分を具体的にイメージして、勉強を継続させていきましょう。必ず道は拓けます。

始めるなら「今」

本書ではムダのない、効率的な勉強法を紹介してきました。

これらの方法は今すぐに始めることができます。

TOEIC に年齢は関係ありません。いつから始めても大丈夫ですが、始めるならば「今」が一番です。

ぜひ本書で得た勉強法を行動に落とし込んでください。読むだけでは何も変わりません。

ボクの勉強法どおりに行動できれば、勉強中も試験中も効率が上がります。

今までやり方がわからなかった人も、効率が悪いと悩んでいた人も助けになる情報をお伝えできた自負があります。

あとはやるだけです。

やるための時間を作りましょう。

きっとムダにしている時間があるはずです。勉強のための時間は捻出できます。時間ができたら、勉強に全力を注ぎましょう。最後に、皆さんにメッセージをお送りしたいと思います。

The only place where success comes before work is in the dictionary.
「成功が努力より前に出てくるのは辞書の中だけだ」

実際、いきなり成功することはありえません。努力があってこその成功です。TOEIC のスコアアップを目指す皆さんを応援しています。

森田鉄也

著者紹介

森田 鉄也（もりた・てつや）

神奈川県横浜市出身。慶應義塾大学文学部英米文学専攻卒。東京大学大学院言語学修士課程修了。ただよび 英語科チーフ、武田塾 教務部英語課課長、河合塾講師。YouTubeチャンネル Morite2 English Channel を運営。

高校時代、有名私立大学を目指すも、すべて「D判定」か「E判定」の学力だったが、効率的な勉強法を徹底的に調べ尽くし実行した結果、見事、慶應義塾大学に合格。その後東京大学大学院へ進学し、現在では、河合塾、また楽天などの大手企業で「カリスマ講師」として活躍する。

TOEIC® L&Rテストをほぼ毎回受験し、満点を89回取得（本書執筆時点）。

TOEIC® S&Wテストでも各200点の満点を取得。他、TOEFL®満点、国連英検特A級、通訳案内士（英語）など、多数の超難関資格を有する。

著書に、TOEIC®受験者に人気の「特急シリーズ」（朝日新聞出版）の『TOEIC®TEST単語 特急 新形式対策』『TOEIC®L&R TEST パート1・2 特急Ⅱ 出る問 難問240』『TOEIC®L&R TEST パート1・2 特急 難化対策ドリル』などがある。他にも、『ミニ模試トリプル10 TOEIC®L&R テスト』（スリーエーネットワーク）、『990点連発講師が教えるTOEIC® L&Rテスト頻出英単語』（小社刊）など、TOEIC®テストに関する著書多数。

英語がニガテで高校時代に「E判定」だったボクが超有名大学へ進学しカリスマ英語講師になってTOEIC® L&Rテストで満点を89回もとった 超効率！英語勉強法

2020年4月13日 第1刷発行

著 者 森田 鉄也
発行者 徳留 慶太郎
発行所 株式会社すばる舎
〒170-0013 東京都豊島区東池袋3-9-7 東池袋織本ビル
TEL 03-3981-8651（代表） 03-3981-0767（営業）
振替 00140-7-116563
http://www.subarusya.jp/
印刷所 シナノ印刷株式会社

乱丁・落丁本はお取り替えいたします
ISBN978-4-7991-0772-0